Die Losungen
möchten helfen, Gottes Wort mitten im Alltag zu hören und aufzunehmen. Darum sind sie kurz und einprägsam. Im Gang durch das Jahr erschließen sie uns dennoch den Reichtum der biblischen Botschaft.
Die einzelnen Verse aus dem Alten und Neuen Testament laden dazu ein, die jeweiligen Bibeltexte in ihrem Zusammenhang zu lesen.

In 50 Sprachen
erscheinen die Losungen heute in Europa, Afrika, Amerika und Asien. Ihre Leser wissen sich deshalb mit Christen aus aller Welt verbunden.

Die täglichen **LOSUNGEN** und Lehrtexte der Brüdergemeine für das Jahr 2004

274. Ausgabe

Herausgegeben von der
Direktion der Evangelischen Brüder-Unität
Herrnhut und Bad Boll
im Friedrich Reinhardt Verlag, Lörrach/Basel

Das Losungsmanuskript wird zusammengestellt und textlich verantwortet
von der Direktion der Brüder-Unität in Herrnhut.
Das Werk einschließlich all seiner Teile ist urheberrechtlich geschützt.
Jede Verwertung außerhalb der engen Grenzen des Urheberrechtsgesetzes
ist ohne Zustimmung der Direktion der Brüder-Unität unzulässig.
Das gilt insbesondere für Vervielfältigungen, Übersetzungen, Mikroverfilmungen und
die Einspeicherung und Verarbeitung in elektronischen Systemen.
© 2003 Friedrich Reinhardt Verlag, Lörrach/Basel
Alle Rechte vorbehalten.
Gestaltung: feinherb, Visuelle Gestaltung, Basel. Philipp Stamm
Druck und Bindung: Ebner & Spiegel, Ulm
Printed in Germany

ISBN 3-7245-1257-0 kartoniert
ISBN 3-7245-1260-0 Schreibausgabe

JAHRESLOSUNG 2004

**Jesus Christus spricht:
Himmel und Erde werden vergehen;
meine Worte aber
werden nicht vergehen.**

Markus 13,31

GELEITWORT ZUR 274. AUSGABE

Das Jahr 2003 wurde in Deutschland an zahlreichen Orten als »Jahr der Bibel« begangen. Viele Menschen sind – erstmalig oder erneut – den Worten und Geschichten der Bibel begegnet. Manche haben dadurch neu Orientierung und Halt gefunden. Und das Jahr 2004? Wird es ein »normales« Jahr, ein Jahr ohne Überschrift, ein Jahr ohne Bibel? Hoffentlich nicht! Auch die Jahreslosung spricht von Gottes Wort. Und sie spricht zugleich vom Vergehen, vom Ende dieser Weltzeit. Schon damals, als Jesus dieses Wort sagte, beschäftigte und bewegte dieses Thema offensichtlich viele Frauen und Männer. Wenn wir an das Ende dieser Welt denken, kommen uns zuerst die großen Katastrophen in den Sinn, wie wir sie schon heute allzu oft erleben: Kriege, Erdbeben, Überschwemmungen, die aus dem Lot geratene Ökologie, die nahende Klimakatastrophe und die Atombombe. Wir brauchen keine große Fantasie, um uns das alles vorzustellen.

Jesus redet hier ebenfalls über das Ende dieser Weltzeit. Aber hören wir genau hin! Er spricht nicht nur von der großen Katastrophe, mit der alles zu Ende ist. Sondern Jesus sagt zugleich auch, was nicht untergeht, was Bestand hat. Denn der Untergang dieser Welt ist nicht das Ende von allem! Hier muss sich unsere menschliche Fantasie korrigieren lassen!

»Himmel und Erde werden vergehen. Meine Worte aber werden nicht vergehen«. – Gottes Wort hat Bestand! Das heißt zweierlei:

- Zunächst heißt es vordergründig: Die Bibel wird weiter gelesen. Es wird immer Gemeinden geben, in denen Gottes Wort verkündigt wird, auch wenn die Katastrophen zahlreicher werden. Und das stimmt ja auch: schon bisher konnte keine Macht verhindern, dass Gottes Wort auch in Kriegen, Katastrophen und Diktaturen weiter verkündigt, ge-

hört und gelesen wurde und die Herzen der Menschen erreichte, im Gegenteil.
- Doch dann hat diese Jahreslosung noch eine tiefere Bedeutung. Sie heißt auch: Gott spricht weiter zu uns Menschen. Die Beziehung zwischen Gott und Mensch wird nie unterbrochen, auch nicht durch die größte Katastrophe! Auch wenn Himmel und Erde untergehen, wird die Beziehung zwischen Gott und Mensch nicht aufhören. Wer Gott kennt, braucht vor keiner Katastrophe Angst zu haben. Weil er weiß, dass Gottes Liebe zu uns Menschen niemals aufhören wird!

Auch in den Losungen kommt beides zum Ausdruck:
- Wir finden in ihnen Gottes Wort, jeden Tag neu. Manchmal bestätigt es uns, manchmal stellt es uns in Frage, manchmal korrigiert es uns, oft überrascht es uns.
- Und wir erleben, wie Gott uns durch diese Schriftworte persönlich anspricht. Die Worte aus dem Alten Testament sind drei Jahre im Voraus ausgelost worden, und auch diejenigen aus dem Neuen Testament stehen schon lange fest, wenn das Losungsbuch in den Handel kommt. Und doch machen immer wieder Leserinnen und Leser der Losungen die Erfahrung, dass der lebendige Gott sie durch diese guten Worte anspricht, im richtigen Moment und auf eine treffende Weise.

Wir wünschen Ihnen, dass der allmächtige und barmherzige Gott, der die Gemeinschaft mit uns sucht, auch Sie durch die Losungen anspricht, jeden Tag neu!

Die Herrnhuter Brüdergemeine

HINWEISE ZUM GEBRAUCH DER LOSUNGEN

Folgende Angaben am Beispiel der Losungen vom 9. Januar möchten eine Hilfe zum Gebrauch dieses Büchleins sein:

⑦

① **Wie hat er sein Volk so lieb!** 5. Mose 33,3

② **Gelobt sei der Herr, der Gott Israels! Denn er hat besucht und erlöst sein Volk.** Lukas 1,68

③ In die Welt bist du gekommen, Jesu, als ein Licht der Welt. Wer ins Herz dich aufgenommen, sich im Glauben an dich hält, der erfährt's, wie du gewiss Licht bringst in die Finsternis. Bg 1055,1 ④

Johann Christoph Blumhardt

⑤ *Epheser 4,17–24 :: Markus 2,1–12* ⑥

⑧

① Das ist die **Losung** des Tages. Sie wird jedes Jahr in Herrnhut (Sachsen) aus ca. 1800 alttestamentlichen Bibelversen ausgelost.

② Der **Lehrtext** stammt immer aus dem Neuen Testament und wird, thematisch passend, zur Losung ausgesucht. Er stammt häufig aus der »fortlaufenden Bibellese«, siehe unter ⑥.

Losung und Lehrtext sind immer eine Einladung, die biblischen Texte in ihrem Zusammenhang zu lesen und zu verstehen.

Der Wortlaut der Bibeltexte richtet sich in der Regel nach der Lutherbibel 1984.

③ Der **dritte Text** ist meistens ein Lied oder Gebet oder aber ein bekenntnisartiger Text, der zum Gebet hinführen soll.

④ Die **Nummerierung** richtet sich nach dem Evangelischen Gesangbuch. Wo »Bg« vor der Nummer steht, stammt das Lied aus dem Gesangbuch der Evangelischen Brüdergemeine von 1967.

Jeden Tag werden noch zwei Bibellesen beigefügt:

⑤ Die **erste Lese** stammt aus den »Lesungen der Heiligen Schrift im Kirchenjahr. Lektionar für alle Tage«. Herausgegeben im Auftrag der Lutherischen Liturgischen Konferenz Deutschlands von A.Völker (Hannover 1997). Sie ist auf das Thema der Woche (siehe Sonntagstexte) und des Sonntags-Evangeliums bezogen.

⑥ Die **zweite Lese** wird von der Ökumenischen Arbeitsgemeinschaft für Bibellesen (ÖAB) verantwortet (Altensteinstr. 51, 14195 Berlin). Sie führt als »**fortlaufende Bibellese**« in vier Jahren durch das ganze Neue Testament und in sieben Jahren durch die wichtigsten Bücher des Alten Testaments.

Bei besonderen Tagen finden sich weitere Angaben:

⑦ Über den Tagestexten stehen die Angaben für die **Sonntage und weitere kirchliche Festtage.**

⑧ Unter den Tagestexten finden sich Angaben über besondere **Gedenktage der Herrnhuter Brüdergemeine.**

TÄGLICHE ANBETUNG – DANK – BITTE – FÜRBITTE

Sonntag: *Gottes Heil für die Menschen.* Dank für die Auferstehung Jesu Christi und für Gottes Wort. Bitte um Vollmacht für die Verkündigung und um Segen für alle Hörerinnen und Hörer. Heiligung des Sonntags. Erweckung und Erneuerung des geistlichen Lebens, Einigkeit im Geist, geschwisterliche Liebe. Fürbitte für die verschiedenen Kirchen und ihr gemeinsames Zeugnis.

Montag: *Dienst der Kirche in der Welt.* Verkündigung des Evangeliums in der ganzen Welt. Geistliches Wachstum in den Gemeinden. Zeugnis des Glaubens und der Liebe gegenüber allen Menschen. Ausbildung und Zurüstung der Mitarbeiterinnen und Mitarbeiter zum Dienst in Kirche und Gesellschaft. Mission und Evangelisation. Medizinische Arbeit.

Dienstag: *Familie, Schule, Beruf.* Verwandte, Freunde und Patenkinder. Ehe und Familie, Kindererziehung. Kindergärten, Schulen, Heime, Lehrer und Erzieher. Weitergabe des Glaubens an die nächste Generation. Religionsunterricht und Christenlehre, Jugendarbeit. Unsere Arbeit im Haus und am Arbeitsplatz. Das tägliche Brot. Bewährung des Glaubens im täglichen Leben.

Mittwoch: *Unsere Nächsten.* Nachbarn, Arbeitskollegen, Geschäftsfreunde. Arbeitslose, Hilfe und Trost für Schwache, Kranke und Sterbende, Blinde, Gehörlose und alle Behinderten, Verwitwete und Alleinstehende, Gebundene und Angefochtene, Gefangene, Obdachlose, Opfer von Unterdrückung und Gewalt.
Diakonie: Mutterhäuser, Brüderhäuser, Gemeindepflege, Heime, bewahrende und pflegerische Arbeit, Fürsorge.

Donnerstag: *Gesellschaft.* Frieden zwischen Völkern und Volksgruppen. Gerechtigkeit und Aufrichtigkeit im Zusammenleben. Männer und Frauen in leitender Stellung in Gesellschaft, Staat, Wirtschaft und Kirche. Überwindung des Völker- und Rassenhasses. Ausländer in unserem Land. Menschen auf der Flucht. Bewahrung vor Missbrauch der in Menschenhand gelegten Kräfte. Achtung vor der Schöpfung. Schutz für das ungeborene Leben. Weisheit im Umgang mit den medizinischen Möglichkeiten. Glaube an Gottes Führung in der Welt und an seine Macht, alle Wunden zu heilen.

Freitag: *Unsere Kirche und Gemeinde.* Dank für das Erlösungswerk Jesu Christi am Kreuz. Bitte um Sündenerkenntnis und um neue Geistesausgießung, um Stärkung aller Gemeindeglieder, um Bereitschaft zur Mitarbeit als Haushalter Gottes. Vollmacht für alle, die zum Dienst der Verkündigung und der Seelsorge in der Gemeinde berufen sind. Christen in der Verfolgung. Dienst des Losungsbuches zur Förderung christlicher Einheit, Segen für die Arbeit am Losungsbuch und für seine Leserinnen und Leser.

Samstag: *Rückblick und Ausblick.* Dank für Gottes Gaben und Geleit durch die Woche. Bitte um Vergebung für Unterlassungen und Übertretungen. Segen für den Sonntag. Fürbitte für Israel, das Volk des ersten Bundes Gottes. Vorbereitung der Kirche Jesu Christi auf seine Wiederkunft. Freude auf die ewige Herrlichkeit.

JANUAR

1. Kor. 1,9 *Monatsspruch:* Treu ist Gott, durch den ihr berufen worden seid zur Gemeinschaft mit seinem Sohn Jesus Christus, unserem Herrn.

Neujahr

Kolosser 3,17 Alles, was ihr tut mit Worten oder mit Werken, das tut alles im Namen des Herrn Jesus und dankt Gott, dem Vater, durch ihn.
Lied: 64 oder 65 :: Psalm: 8,2a.5–7
Lukas 4,16–21 :: (Pr.) Jakobus 4,13–15 :: Psalm 121

5. Mose 4,31 **Der Herr, dein Gott, ist ein barmherziger Gott; er wird dich nicht verlassen noch verderben.** 1. Do

Joh. 12,46 Christus spricht: **Ich bin in die Welt gekommen als ein Licht, damit, wer an mich glaubt, nicht in der Finsternis bleibe.**

Bg 946,5 Gib mit dem neuen Jahr uns neue Stärk im Glauben; lass uns den alten Grund der Wahrheit niemals rauben; erneure Herz und Sinn und lass das helle Licht des reinen Gottesworts bei uns verlöschen nicht.
Henriette Katharina von Gersdorf

Ps. 102,20.21 **Der Herr sieht vom Himmel auf die Erde, dass er das Seufzen der Gefangenen höre und losmache die Kinder des Todes.** 2. Fr

2. Kor. 12,9 **Der Herr hat zu mir gesagt: Lass dir an meiner Gnade genügen; denn meine Kraft ist in den Schwachen mächtig.**

154,4.5 Aber noch tragen wir der Erde Kleid. Uns hält gefangen Irrtum, Schuld und Leid; doch deine Treue hat uns schon befreit. Halleluja! So mach uns stark im Mut, der dich bekennt, dass unser Licht vor allen Menschen brennt! Lass uns dich schaun im ewigen Advent! Halleluja! Anna Martina Gottschick
Josua 24,1–2a.13–18.25–26 :: Markus 1,1–8

3.	**Er wird herrlich werden, so weit die Welt ist.**	Micha 5,3
Sa	**Er ist offenbar im Fleisch, gerechtfertigt im Geist, erschienen den Engeln, gepredigt den Heiden, geglaubt in der Welt, aufgenommen in die Herrlichkeit.**	1. Tim. 3,16

Du Heiland der Welt, in dir wohnt Gottes ganze Fülle. Anteil daran schenkst du allem, was lebt. Durch deinen Tod hast du uns mit Gott versöhnt. Wir singen dir Lob und Dank.   Aus einer Liturgie der Brüdergemeine
  2. Mose 2,1–10 :: Markus 1,9–13

Weltgebetswoche der Evangelischen Allianz

2. Sonntag nach Weihnachten

Wir sahen seine Herrlichkeit, eine Herrlichkeit als des eingeborenen Sohnes vom Vater, voller Gnade und Wahrheit.   Joh. 1,14b
  Wochenlied: 51 oder 72 :: Wochenpsalm: 138,2–5
  Lukas 2,41–52 :: (Pr.) 1. Johannes 5,11–13 :: Psalm 138

4.	**Herr, warum stehst du so ferne, verbirgst dich zur Zeit der Not?**	Psalm 10,1
So	**Gott ist hier, der gerecht macht.**	Römer 8,33
	Dir will ich ganz mich überlassen mit allem, was ich hab und bin; ich werfe, was ich nicht kann fassen, auf deine Macht und Weisheit hin. Mein Vater, führ mich immerdar nur selig, wenn auch wunderbar!	Bg 732,5

Salomo Franck

5.	**Zeige deinen Knechten deine Werke und deine Herrlichkeit ihren Kindern.**	Psalm 90,16
Mo	**Jesus ergriff das Kind bei der Hand und sprach zu ihm: Talita kum! – das heißt übersetzt: Mädchen, ich sage dir, steh auf! Und sogleich stand das Mädchen auf und ging umher.**	Mark. 5,41.42

Lebendiger Gott, Quelle des Lebens, wir danken dir, denn du hast uns erlöst. Wir danken dir für deine zärtliche Berührung – sie öffnet unsere Augen und Herzen und lässt uns deine Herrlichkeit sehen. Wir danken dir für deine wunderbare Hilfe – sie stärkt unseren Glauben und lässt uns spüren: Du bist für uns da.

Aus Indonesien

1. Mose 9,12–17 :: Markus 1,14–20

EPIPHANIAS (Erscheinungsfest)

1. Joh. 2,8b Die Finsternis vergeht, und das wahre Licht scheint jetzt.

Lied: 70 oder 71 :: Psalm: 100,1–5
Matthäus 2,1–12 :: (Pr.) Epheser 3,2–3a.5–6
Markus 1,21–28

---

1. Samuel 2,1 **Ich freue mich deines Heils.** 6. Di

1. Kor. 15,57 **Gott sei Dank, der uns den Sieg gibt durch unsern Herrn Jesus Christus!**

74,1-2 Du Morgenstern, du Licht vom Licht, das durch die Finsternisse bricht, du gingst vor aller Zeiten Lauf in unerschaffner Klarheit auf. Du Lebensquell, wir danken dir, auf dich, Lebend'ger, hoffen wir; denn du durchdrangst des Todes Nacht, hast Sieg und Leben uns gebracht. Johann Gottfried Herder

---

Jesaja 33,13 **So hört nun ihr, die ihr ferne seid, was ich getan habe, und die ihr nahe seid, erkennt meine Stärke!** 7. Mi

1. Petrus 2,9 **Ihr seid das auserwählte Geschlecht, die königliche Priesterschaft, das heilige Volk, das Volk des Eigentums, dass ihr verkündigen sollt die Wohltaten dessen, der euch berufen hat von der Finsternis zu seinem wunderbaren Licht.**

Bg 439,3-4 Du Wort ob allen Worten, du Wort aus Gottes Mund, lauf und an allen Orten mach Gottes Namen kund! Künd auf der ganzen Erde, dass Gott ihr Herre sei, dass sie auch Gottes werde und andrer Herren frei!

Arno Pötzsch

1. Johannes 3,1–6 :: Markus 1,29–39

Januar   12

8. **Du sollst den Herrn, deinen Gott, lieb haben von gan-**   5. Mose 6,5
Do **zem Herzen, von ganzer Seele und mit all deiner**
    Kraft.

Gott lieben von ganzem Herzen, von ganzem Gemüt   Markus 12,33
und von allen Kräften, und seinen Nächsten lieben
wie sich selbst, das ist mehr als alle Brandopfer und
Schlachtopfer.

Möge die Liebe Jesu Christi dich zu ihm hinziehen.
Möge die Kraft Jesu Christi dich in seinem Dienst stärken.
Möge die Freude Jesu Christi deinen Geist erfüllen.

1. Johannes 2,12–17 :: Markus 1,40–45

9. **Wie hat er sein Volk so lieb!**   5. Mose 33,3

Fr **Gelobt sei der Herr, der Gott Israels! Denn er hat be-**   Lukas 1,68
    sucht und erlöst sein Volk.

In die Welt bist du gekommen, Jesu, als ein Licht der   Bg 1055,1
Welt. Wer ins Herz dich aufgenommen, sich im Glauben
an dich hält, der erfährt's, wie du gewiss Licht
bringst in die Finsternis.

                        Johann Christoph Blumhardt

Epheser 4,17–24 :: Markus 2,1–12

10. **Ihr trinkt Wein aus Schalen und salbt euch mit dem**   Amos 6,6
Sa **besten Öl, aber bekümmert euch nicht um den Scha-**
    den Josefs.

Jage nach der Gerechtigkeit, der Frömmigkeit, dem   1. Tim. 6,11
Glauben, der Liebe, der Geduld, der Sanftmut!

Lass uns den Weg der Gerechtigkeit gehn. Dein Reich
komme, Herr. Dein Reich in Klarheit und Frieden, Leben
in Wahrheit und Recht. Dein Reich komme, Herr.

                  Diethard Zils/Christoph Lehmann

1. Johannes 1,5–7 :: Markus 2,13–17

1. Sonntag nach Epiphanias

Römer 8,14 — Welche der Geist Gottes treibt, die sind Gottes Kinder.
Wochenlied: 68 oder 441
Wochenpsalm: 72,1–2.12.17b–19
Matthäus 3,13–17 :: (Pr.) Römer 12,1–3(4–8)
Psalm 89,1–19

Jes. 46,12.13 — **Höret auf mich, ihr Verzagten, die ihr fern seid vom Heil: schon lasse ich nahen mein Heil, es ist nicht fern.** — 11. So

2. Kor. 4,8 — **Wir sind von allen Seiten bedrängt, aber wir ängstigen uns nicht. Uns ist bange, aber wir verzagen nicht.**

Allmächtiger Gott und Vater, du hast deinen Sohn zum Licht der Welt gemacht. Wir bitten dich: Erfülle die ganze Erde mit dem Glanz, der von dir ausgeht, damit alle Menschen deine Herrlichkeit erfahren und anbeten.

Psalm 92,2–3 — **Das ist ein köstlich Ding, dem Herrn danken und lobsingen deinem Namen, du Höchster, des Morgens deine Gnade und des Nachts deine Wahrheit verkündigen.** — 12. Mo

Epheser 5,19 — **Ermuntert einander mit Psalmen und Lobgesängen und geistlichen Liedern, singt und spielt dem Herrn in eurem Herzen.**

322,2–3 — Ermuntert euch und singt mit Schall Gott, unserm höchsten Gut, der seine Wunder überall und große Dinge tut; der uns von Mutterleibe an frisch und gesund erhält und, wo kein Mensch nicht helfen kann, sich selbst zum Helfer stellt. — Paul Gerhardt

Apostelgeschichte 10,37–48 :: 1. Korinther 1,1–9

Jer. 29,13.14 — **Wenn ihr mich von ganzem Herzen suchen werdet, so will ich mich von euch finden lassen, spricht der Herr.** — 13. Di

Matthäus 7,8 — **Wer da bittet, der empfängt; und wer da sucht, der findet; und wer da anklopft, dem wird aufgetan.**

Mein Gott, ich stehe voller Ehrfurcht vor dir, um dich um die größte Gnade, die einem Menschen zuteil werden kann, zu bitten, um die Gnade eines inbrünstigen Gebets. Dass ich während des Gebets alle meine Gedanken auf dich konzentrieren kann; keine Geistesabwesenheit soll mich von dir abbringen.
Janusz Korczak

Josua 3,9–17 :: 1. Korinther 1,10–17

---

14. **Es sollen wohl Berge weichen und Hügel hinfallen,**   Jesaja 54,10
Mi **aber meine Gnade soll nicht von dir weichen, und der Bund meines Friedens soll nicht hinfallen, spricht der Herr, dein Erbarmer.**

Gott kann machen, dass alle Gnade unter euch reich-   2. Kor. 9,8
lich sei, damit ihr in allen Dingen allezeit volle Genüge habt und noch reich seid zu jedem guten Werk.

Nun, es sei mein ganz Vertrauen felsenfest ihm zugetan. Auf ihn will ich immer bauen, er ist's, der mir helfen kann. Erd und Himmel muss vergehn, Gottes Bund bleibt ewig stehn.
Benjamin Schmolck

Kolosser 2,1–7 :: 1. Korinther 1,18–25

---

15. **Siehe, des Herrn Arm ist nicht zu kurz, dass er nicht**   Jesaja 59,1.2
Do **helfen könnte, und seine Ohren sind nicht hart geworden, sodass er nicht hören könnte, sondern eure Verschuldungen scheiden euch von eurem Gott.**

Der Zöllner stand ferne, wollte auch die Augen nicht   Lukas 18,13
aufheben zum Himmel, sondern schlug an seine Brust und sprach: Gott, sei mir Sünder gnädig!

Ich bitt, dass du mir gnädig um Christi willen seist;   472,5
mach mich von Sünden ledig, gib mir den Heilgen Geist, der mich weise und lehre, ja der mich leit und führ, auf dass ich nimmermehre Gotts Steg und Weg verlier.
Greifswald 1597

Markus 10,13–16 :: 1. Korinther 1,26–31

2. Mose 20,15	**Du sollst nicht stehlen.**	16. Fr
Lukas 3,13	Johannes sprach zu den Zöllnern: **Fordert nicht mehr, als euch vorgeschrieben ist!**	

Was gebietet dir Gott in diesem Gebot? Ich soll das Wohl meines Nächsten fördern, wo ich nur kann, und an ihm so handeln, wie ich möchte, dass man an mir handelt. Auch soll ich gewissenhaft arbeiten, damit ich dem Bedürftigen in seiner Not helfen kann.

Heidelberger Katechismus, Frage 111
Lukas 12,49–53 :: 1. Korinther 2,1–9

1. Samuel 12,20.23	**Samuel sprach: Ihr habt zwar all das Unrecht getan; es sei aber ferne von mir, dass ich davon abließe, für euch zu beten.**	17. Sa
1. Kor. 16,16.18	**Ordnet euch allen unter, die mitarbeiten und sich mühen! Sie haben meinen und euren Geist erquickt. Erkennt solche Leute an!**	
Bg 406	O Jesu, segne du all deine Diener und richt sie selber zu, dich, den Versühner, den Menschen kund zu tun. Gib ihnen Gnade, geheiligt Tun und Ruhn in gleichem Grade. Gottlob Büttner	

Matthäus 6,6–13 :: 1. Korinther 2,10–16

2. Sonntag nach Epiphanias

Joh. 1,17	Das Gesetz ist durch Mose gegeben; die Gnade und Wahrheit ist durch Jesus Christus geworden.

Wochenlied: 5 oder 398 :: Wochenpsalm: 105,1–4
Johannes 2,1–11 :: (Pr.) Römer 12,(4–8)9–16
Psalm 89,20–38

2. Mose 33,11	**Der Herr redete mit Mose von Angesicht zu Angesicht, wie ein Mann mit seinem Freunde redet.**	18. So
Joh. 12,45	Christus spricht: **Wer mich sieht, der sieht den, der mich gesandt hat.**	

Komm, du Glanz der göttlichen Herrlichkeit, Gottes Kraft und Gottes Weisheit! Wandle unsere Nacht zum Tag, schütze uns vor Gefahr, erleuchte das Dunkel, stärke den Mut, führe uns treu an deiner Hand, und leite uns nach deinem Willen.

Bernhard von Clairvaux

19. Mo Jonatan ging hin zu David und stärkte sein Vertrauen auf Gott. — 1. Sam. 23,16

Dient einander, ein jeder mit der Gabe, die er empfangen hat. — 1. Petrus 4,10

Gott, weil er groß ist, gibt am liebsten große Gaben, ach, dass wir Armen nur so kleine Herzen haben. — 411

Johann Scheffler

5. Mose 4,5–13 :: 1. Korinther 3,1–4

20. Di Der Herr hört mein Flehen; mein Gebet nimmt der Herr an. — Psalm 6,10

Christus hat in den Tagen seines irdischen Lebens Bitten und Flehen mit lautem Schreien und mit Tränen dem dargebracht, der ihn vom Tod erretten konnte; und er ist auch erhört worden, weil er Gott in Ehren hielt. — Hebräer 5,7

Darum auf Gott will hoffen ich, auf mein Verdienst nicht bauen; auf ihn mein Herz soll lassen sich und seiner Güte trauen, die mir zusagt sein wertes Wort; das ist mein Trost und treuer Hort, des will ich allzeit harren. — 299,3

Martin Luther

Markus 2,23–28 :: 1. Korinther 3,5–8

21. Mi Gideon sprach zu dem Engel des Herrn: Ist der Herr mit uns, warum ist uns dann das alles widerfahren? — Richter 6,13

Jesus war hinten im Boot und schlief auf einem Kissen. Und sie weckten ihn auf und sprachen zu ihm: Meister, fragst du nichts danach, dass wir umkommen? — Markus 4,38

Bg 732,4 Gott, deine heiligen Gedanken sind himmelweit von Menschenwahn. Drum leite mich in diesen Schranken und führe mich auf rechter Bahn! Mein Vater, führ mich immerdar nur selig, wenn auch wunderbar!
Salomo Franck

Lukas 16,14–17(18) :: 1. Korinther 3,9–17

Sacharja 8,21 **Kommt, lasst uns hinziehen, den Herrn anzuflehen und den Herrn der Heerscharen zu suchen! Auch ich will hinziehen!** 22. Do

Offb. 14,7 Der Seher Johannes schreibt: **Ein Engel sprach mit großer Stimme: Fürchtet Gott und gebt ihm die Ehre; denn die Stunde seines Gerichts ist gekommen! Und betet an den, der gemacht hat Himmel und Erde und Meer und die Wasserquellen!**

288,4–5 Die ihr nun wollet bei ihm sein, kommt, geht zu seinen Toren ein mit Loben durch der Psalmen Klang, zu seinem Vorhof mit Gesang. Dankt unserm Gott, lobsinget ihm, rühmt seinen Namen mit lauter Stimm; lobsingt und danket allesamt! Gott loben, das ist unser Amt.
David Denicke

Apostelgeschichte 15,22–31 :: 1. Korinther 3,18–23

Psalm 16,6 **Das Los ist mir gefallen auf liebliches Land; mir ist ein schönes Erbteil geworden.** 23. Fr

Kolosser 1,12 **Mit Freuden sagt Dank dem Vater, der euch tüchtig gemacht hat zu dem Erbteil der Heiligen im Licht.**

62,3 Unsre Wege wollen wir nur in Jesu Namen gehen. Geht uns dieser Leitstern für, so wird alles wohl bestehen und durch seinen Gnadenschein alles voller Segen sein.
Benjamin Schmolck

Johannes 7,1–13 :: 1. Korinther 4,1–13

Jesaja 52,10 **Der Herr hat offenbart seinen heiligen Arm vor den Augen der Völker, dass aller Welt Enden sehen das Heil unsres Gottes.** 24. Sa

Markus 16,15 **Gehet hin in alle Welt und predigt das Evangelium aller Kreatur.**

Jesus ist kommen, sagt's aller Welt Enden. Eilet, ach eilet zum Gnadenpanier! Schwöret die Treue mit Herzen und Händen. Sprechet: wir leben und sterben mit dir. Amen, o Jesu, du wollst uns vollenden. Jesus ist kommen, sagt's aller Welt Enden. 66,9
        Johann Ludwig Konrad Allendorf
 5. Mose 33,1–4(7.12–16) :: 1. Korinther 4,14–21

3. Sonntag nach Epiphanias (Bibelsonntag)

Es werden kommen von Osten und von Westen, von Norden und von Süden, die zu Tisch sitzen werden im Reich Gottes. Lukas 13,29
 Wochenlied: 293
 Wochenpsalm: 86,1a.2b.4.6–7
 Matthäus 8,5–13 :: (Pr.) Römer 1,(14–15)16–17
 Psalm 86

---

25. **Vernichten wird er den Tod auf ewig.** Jesaja 25,8
So **Es wird gesät verweslich und wird auferstehen unverweslich.** 1. Kor. 15,42

Jesus Christus, Gottes Sohn, an unser Statt ist kommen und hat die Sünd abgetan, damit dem Tod genommen all sein Recht und sein Gewalt; da bleibt nichts denn Tods Gestalt, den Stachel hat er verloren. Halleluja. 101,3
           Martin Luther

---

26. **Sein Zorn währet einen Augenblick und lebenslang seine Gnade. Den Abend lang währet das Weinen, aber des Morgens ist Freude.** Psalm 30,6
Mo

Der Gott aller Gnade aber, der euch berufen hat zu seiner ewigen Herrlichkeit in Christus Jesus, der wird euch, die ihr eine kleine Zeit leidet, aufrichten, stärken, kräftigen, gründen. 1. Petrus 5,10

Ich erinnere mich an all das Gute, das du mir getan hast, mein Gott. Dafür danke ich dir. Manchmal bist du weit weg. Stärke mich dann mit der Erinnerung. Stärke mich mit der Gewissheit, dass du mir nahe bist.
 Jesaja 19,19–25 :: 1. Korinther 5,1–8

2. Chr. 30,9	Der Herr, euer Gott, ist gnädig und barmherzig und wird sein Angesicht nicht von euch wenden, wenn ihr euch zu ihm bekehrt.	27. Di
Markus 6,34	**Jesus stieg aus und sah die große Menge; und sie jammerten ihn, denn sie waren wie Schafe, die keinen Hirten haben.**	

140,3 Der Herr, der Heiland, unser Licht, uns leuchten lass sein Angesicht, dass wir ihn schaun und glauben frei, dass er uns ewig gnädig sei.   Gerhard Tersteegen
1. Könige 17,8–16 :: 1. Korinther 5,9–13

Jeremia 10,10	Der Herr ist der wahrhaftige Gott, der lebendige Gott, der ewige König.	28. Mi
Markus 15,2	**Pilatus fragte Jesus: Bist du der König der Juden? Er aber antwortete und sprach zu ihm: Du sagst es.**	

Bg 275,1 Ewger König, gib uns heut deinen heilgen Segen, wollst auf reich und arme Leut alles Gute legen. Durch deiner Gnade Reichtum wollst du uns beleben, uns als deinem Eigentum dann den Himmel geben.
  Walther Eugen Schmidt nach Klemens dem Barfüßer
Rut 1,1–8(9–15)16–19a(19b–21) :: 1. Korinther 6,1–11

Psalm 31,9	Du stellst meine Füße auf weiten Raum.	29. Do
Galater 5,13	**Ihr seid zur Freiheit berufen. Allein seht zu, dass ihr durch die Freiheit nicht dem Fleisch Raum gebt; sondern durch die Liebe diene einer dem andern.**	

Die Räume, die du uns gegeben, grenzt deine Liebe für uns ein. Wir dürfen weit in ihnen gehen und immer noch geborgen sein.   Bettina Dörfel
Apostelgeschichte 13,42–52 :: 1. Korinther 6,12–20

Jesaja 53,8	**Er ist aus dem Lande der Lebendigen weggerissen, da er für die Missetat meines Volks geplagt war.**	30. Fr

Ich habe euch weitergegeben, was ich auch empfangen habe: Dass Christus gestorben ist für unsre Sünden nach der Schrift; und dass er begraben worden ist; und dass er auferstanden ist am dritten Tage nach der Schrift. 1. Kor. 15,3-4

Wir danken dir, Herr Jesu Christ, dass du für uns gestorben bist und hast uns durch dein teures Blut gemacht vor Gott gerecht und gut. Christoph Fischer 79,1

Lukas 4,22–30 :: 1. Korinther 7,1–7

31. **Wie sich ein Vater über Kinder erbarmt, so erbarmt** Psalm 103,13
Sa **sich der Herr über die, die ihn fürchten.**

Weil ihr nun Kinder seid, hat Gott den Geist seines Galater 4,6
Sohnes gesandt in unsre Herzen, der da ruft: Abba, lieber Vater!

Wie sich ein treuer Vater neigt und Guts tut seinen Kindern, also hat sich auch Gott erzeigt allzeit uns armen Sündern; er hat uns lieb und ist uns hold, vergibt uns gnädig alle Schuld, macht uns zu Überwindern. 318,4

Michael Weiße

Offenbarung 15,1–4 :: 1. Korinther 7,8–16

FEBRUAR

Psalm 91,11 *Monatsspruch:* Er hat seinen Engeln befohlen, dass sie dich behüten auf allen deinen Wegen.

Letzter Sonntag nach Epiphanias

Jesaja 60,2 Über dir geht auf der Herr, und seine Herrlichkeit erscheint über dir.
Wochenlied: 67 :: Wochenpsalm: 97,1–2.6.12
Matthäus 17,1–9 :: (Pr.) 2. Korinther 4,6–10 :: Psalm 135

Psalm 105,7 **Er ist der Herr, unser Gott, er richtet in aller Welt.** 1. So

Jakobus 2,13 **Es wird ein unbarmherziges Gericht über den ergehen, der nicht Barmherzigkeit getan hat; Barmherzigkeit aber triumphiert über das Gericht.**

16,5 Gott will im Dunkel wohnen und hat es doch erhellt. Als wollte er belohnen, so richtet er die Welt. Der sich den Erdkreis baute, der lässt den Sünder nicht. Wer hier dem Sohn vertraute, kommt dort aus dem Gericht.
Jochen Klepper

Psalm 17,15 **Ich aber will schauen dein Antlitz in Gerechtigkeit, ich will satt werden, wenn ich erwache, an deinem Bilde.** 2. Mo

1. Kor. 13,12 **Wir sehen jetzt durch einen Spiegel ein dunkles Bild; dann aber von Angesicht zu Angesicht. Jetzt erkenne ich stückweise; dann aber werde ich erkennen, wie ich erkannt bin.**

Hast nicht du, Herr, selbst uns dies geboten: Sucht von Angesicht mich zu erkennen – darum nun ruf ich: Lass dich ergründen! Herr, lass mich finden dein Antlitz.
Kurt Rose

2. Korinther 3,(9–11)12–18 :: 1. Korinther 7,17–24

Februar 22

3. **Der Herr hat seinen Thron im Himmel errichtet, und** Psalm 103,19
Di **sein Reich herrscht über alles.**

Dem, der auf dem Thron sitzt, und dem Lamm sei Offenb. 5,13
Lob und Ehre und Preis und Gewalt von Ewigkeit zu
Ewigkeit!

O wohl dem Land, o wohl der Stadt, so diesen König 1,3
bei sich hat. Wohl allen Herzen insgemein, da dieser
König ziehet ein. Er ist die rechte Freudensonn, bringt
mit sich lauter Freud und Wonn. Gelobet sei mein Gott,
mein Tröster früh und spat.   Georg Weissel

Johannes 1,43–51 :: 1. Korinther 7,25–40

4. **Der Herr ist freundlich, und seine Gnade währet** Psalm 100,5
Mi **ewig und seine Wahrheit für und für.**

Jesus spricht: Ich bin der Weg und die Wahrheit und Joh. 14,6
das Leben; niemand kommt zum Vater denn durch
mich.

Gott, zu uns selbst möchten wir kommen, möchten das
Bild klarer sehen, das dir vorschwebt von uns. Lass
deine Wahrheit herankommen an uns und alles durch-
dringen, was uns den Blick verstellt für die Bedeutung,
die du uns mit Jesus gibst.

Johannes 3,31–36 :: 1. Korinther 8,1–6

5. **Es wird ein einziger Tag sein – er ist dem Herrn be-** Sacharja 14,7
Do **kannt! –, es wird nicht Tag und Nacht sein, und auch**
um den Abend wird es licht sein.

Wachet! Denn ihr wisst weder Tag noch Stunde. Matt. 25,13

Jetzt ist die angenehme Zeit, jetzt steht der Himmel of- Bg 971,1
fen. Der Herr erscheint mit Freundlichkeit uns, die wir
auf ihn hoffen. Ach würde seine Gnad und was er für
uns tat, in tiefster Beugung stets verehrt und unter uns
sein Lob vermehrt!   Jakob Gabriel Wolf

Offenbarung 1,(1.2)3–8 :: 1. Korinther 8,7–13

Esra 3,11	**Und das ganze Volk jauchzte laut beim Lobe des Herrn, weil der Grund zum Hause des Herrn gelegt war.**	6. Fr
Hebräer 3,4	**Jedes Haus wird von jemandem erbaut; der aber alles erbaut hat, das ist Gott.**	
Bg 256,1	Herr, deinem Bauwerk droht Gefahr, es wanken seine Mauern. Soll, was von dir gegründet war, in Stürmen nicht mehr dauern? Schon mancher Pfeiler stürzte ein; erzeige deine Treue und komm, du Bauherr der Gemein, und baue uns aufs Neue! Walther Baudert	

Johannes 8,12–20 :: 1. Korinther 9,1–12

1. Mose 32,27	**Ich lasse dich nicht, du segnest mich denn.**	7. Sa
Epheser 1,3	**Gelobt sei Gott, der Vater unseres Herrn Jesus Christus, der uns gesegnet hat mit allem geistlichen Segen im Himmel durch Christus.**	
	Gott weite unser Herz und mache uns den Kopf frei. Gott fülle uns die Hände und schenke uns Boden unter den Füßen. Gott segne uns als ganze Menschen und bewahre uns auf unserem Weg in dieser Welt.	

4. Mose 6,22–27 :: 1. Korinther 9,13–18

SEPTUAGESIMAE (70 Tage vor Ostern)

Daniel 9,18	Wir liegen vor dir mit unserm Gebet und vertrauen nicht auf unsere Gerechtigkeit, sondern auf deine große Barmherzigkeit.

Wochenlied: 342 oder 409
Wochenpsalm: 31,20a.23–24a.25
Matthäus 20,1–16a :: (Pr.) 1. Korinther 9,24–27
Psalm 124

4. Mose 11,23	**Ist denn die Hand des Herrn zu kurz? Aber du sollst jetzt sehen, ob sich dir mein Wort erfüllt oder nicht.**	8. So
Mark. 1,40.41	**Es kam ein Aussätziger. Und es jammerte Jesus und er streckte die Hand aus, rührte ihn an und sprach zu ihm: Ich will's tun; sei rein!**	

Februar 24

Stark ist meines Jesu Hand, und er wird mich ewig fassen, hat zu viel an mich gewandt, um mich wieder loszulassen. Mein Erbarmer lässt mich nicht; das ist meine Zuversicht. Carl Bernhard Garve

Bg 802,1

9. **Singet fröhlich Gott, der unsre Stärke ist.** Psalm 81,2
Mo **Seid fröhlich und getrost; es wird euch im Himmel reichlich belohnt werden.** Matthäus 5,12

Dich, Herr, meine Stärke, hab ich herzlich lieb, der bei jedem Werke Fels und Burg mir blieb. Du bist mein Erretter, bist mein Gott und Schild, der in Sturm und Wetter mich mit Schutz umhüllt.
Johann Christoph Blumhardt

Bg 779,1

Lukas 19,1–10 :: 1. Korinther 9,19–23

10. **Ich will hoffen auf den Herrn, der sein Antlitz verborgen hat vor dem Hause Jakob, und will auf ihn harren.** Jesaja 8,17
Di

Wir wandeln im Glauben und nicht im Schauen. 2. Kor. 5,7

So hilf uns, Herr, zum Glauben und halt uns fest dabei; lass nichts die Hoffnung rauben; die Liebe herzlich sei! Und wird der Tag erscheinen, da dich die Welt wird sehn, so lass uns als die Deinen zu deiner Rechten stehn. Philipp Spitta

358,6

Hebräer 12,12–17 :: 1. Korinther 9,24–27

11. **Viele, die unter der Erde schlafen liegen, werden aufwachen, die einen zum ewigen Leben, die andern zu ewiger Schmach und Schande.** Daniel 12,2
Mi

Gott ist nicht ein Gott der Toten, sondern der Lebenden. Markus 12,27

Und suchst du meine Sünde, flieh ich von dir zu dir, Ursprung, in den ich münde, du fern und nah bei mir. Wie ich mich wend und drehe, geh ich von dir zu dir;

237,1–3

die Ferne und die Nähe sind aufgehoben hier. Von dir
zu dir mein Schreiten, mein Weg und meine Ruh, Gericht und Gnad, die beiden bist du – und immer du.
Schalom Ben-Chorin

Matthäus 10,40–42 :: 1. Korinther 10,1–13

---

12. Do

Jesaja 48,20 — **Mit fröhlichem Schall verkündigt dies und lasst es hören, tragt's hinaus bis an die Enden der Erde und sprecht: Der Herr hat seinen Knecht Jakob erlöst.**

Römer 3,24 — **Wir werden ohne Verdienst gerecht aus seiner Gnade durch die Erlösung, die durch Christus Jesus geschehen ist.**

Nun freut euch hier und überall, ihr Schwestern und ihr Brüder. Das Heil, das durch den Todesfall gesunken, stehet wieder. Des Lebens Leben lebet noch, sein Arm hat aller Feinde Joch mit aller Macht zerbrochen.
Paul Gerhardt

1. Korinther 3,(1–3)4–8 :: 1. Korinther 10,14–22

---

13. Fr

Jeremia 23,29 — **Ist mein Wort nicht wie ein Feuer, spricht der Herr, und wie ein Hammer, der Felsen zerschmeißt?**

2. Tim. 2,15 — **Bemühe dich darum, dich vor Gott zu erweisen als einen rechtschaffenen und untadeligen Arbeiter, der das Wort der Wahrheit recht austeilt.**

241,2 — O dass dein Feuer bald entbrenne, o möcht es doch in alle Lande gehn! Ach Herr, gib doch in deine Ernte viel Knechte, die in treuer Arbeit stehn. O Herr der Ernte, siehe doch darein: die Ernt ist groß, die Zahl der Knechte klein.
Karl Heinrich von Bogatzky

Johannes 2,13–22 :: 1. Korinther 10,23–11,1

---

14. Sa

2. Chr. 5,13.14 — **Als sich die Stimme der Trompeten, Zimbeln und Saitenspiele erhob und man den Herrn lobte: »Er ist gütig, und seine Barmherzigkeit währt ewig«, da erfüllte die Herrlichkeit des Herrn das Haus Gottes.**

Alles, was zum Leben und zur Frömmigkeit dient, hat uns seine göttliche Kraft geschenkt durch die Erkenntnis dessen, der uns berufen hat durch seine Herrlichkeit und Kraft. — 2. Petrus 1,3

Lass uns deine Herrlichkeit sehen auch in dieser Zeit und mit unsrer kleinen Kraft suchen, was den Frieden schafft. Erbarm dich, Herr.   Nach Christian David — 262,6

1. Korinther 1,26–31 :: 1. Korinther 11,2–16

SEXAGESIMAE (60 Tage vor Ostern)

Heute, wenn ihr seine Stimme hören werdet, so verstockt eure Herzen nicht. — Hebräer 3,15

Wochenlied: 196 oder 280
Wochenpsalm: 119,89–90a.105.114.116–117
Lukas 8,4–8(9–15) :: (Pr.) Hebräer 4,12–13 :: Psalm 125

---

15. So

Das ist meine Freude, dass ich mich zu Gott halte und meine Zuversicht setze auf Gott, den Herrn, dass ich verkündige all dein Tun. — Psalm 73,28

Welche ihren Dienst gut versehen, die erwerben sich selbst ein gutes Ansehen und große Zuversicht im Glauben an Christus Jesus. — 1. Tim. 3,13

Herr erfülle mich mit der Liebe, mit der du auf der Erde gewirkt hast. Du hast versprochen, mit ihr weiterhin unter uns zu wirken. Auf dein Wort hin will ich getrost an die Arbeit gehen, zu deinem Ruhm und zum Segen der Mitmenschen.

16. Mo

Wer sich des Armen erbarmt, der leiht dem Herrn, und der wird ihm vergelten, was er Gutes getan hat. — Sprüche 19,17

Jesus sprach zu dem reichen Mann: **Eines fehlt dir. Geh hin, verkaufe alles, was du hast, und gib's den Armen, so wirst du einen Schatz im Himmel haben, und komm und folge mir nach!** — Markus 10,21

412,2   Wer dieser Erde Güter hat und sieht die Menschen leiden und macht die Hungrigen nicht satt, lässt Nackende nicht kleiden, der ist ein Feind der ersten Pflicht und hat die Liebe Gottes nicht.
> Nach Christian Fürchtegott Gellert

5. Mose 32,44–47 :: 1. Korinther 11,17–22

---

17. Di

Klgl. 3,41   **Lasst uns unser Herz samt den Händen aufheben zu Gott im Himmel!**

Apg. 1,14   **Die Jünger waren stets beieinander einmütig im Gebet samt den Frauen und Maria, der Mutter Jesu, und seinen Brüdern.**

Lasset uns Herzen und Hände erheben zu Gott, der unseres Lebens Mitte ist: Herr, unser Gott, lass uns vor dir stehen mitten im Tagwerk, gib uns den Mut und die Kraft, dass wir das Eine suchen, dass wir tun, was Not ist, lass uns wandeln vor deinen Augen.
> Altes Kirchengebet

2. Mose 7,1–13 :: 1. Korinther 11,23–27

---

18. Mi

Psalm 89,16   **Wohl dem Volk, das jauchzen kann! Herr, sie werden im Licht deines Antlitzes wandeln.**

2. Kor. 13,11   **Freut euch, lasst euch zurechtbringen, lasst euch mahnen, habt einerlei Sinn, haltet Frieden! So wird der Gott der Liebe und des Friedens mit euch sein.**

Bg 1055,3   Wohl ist's uns in deinem Lichte; unsre Herzen tröstest du. Denn von deinem Angesichte strahlt uns Gnad und Friede zu, uns, den Sündern, denen Tod und Verdammnis war gedroht.   Johann Christoph Blumhardt

Markus 6,1–6 :: 1. Korinther 11,28–34

---

19. Do

Josua 3,10   **Ihr sollt merken, dass ein lebendiger Gott unter euch ist.**

Markus 15,39   **Der Hauptmann aber, der dabei stand, ihm gegenüber, und sah, dass Jesus so verschied, sprach: Wahrlich, dieser Mensch ist Gottes Sohn gewesen.**

Mitten unter uns nimmt Gottes Reich seinen Lauf, mit
unsern Händen baut Christus es auf, wir hoffen, dass
seine Liebe uns trägt, dass heute und immer sein Herz
für uns schlägt. Diethard Zils
Lukas 6,43–49 :: 1. Könige 1,1–27

20. **Gott der Herr hat mir eine Zunge gegeben, wie sie** Jesaja 50,4
Fr **Jünger haben, dass ich wisse, mit den Müden zu**
rechter Zeit zu reden.

Lasst kein faules Geschwätz aus eurem Mund gehen, Epheser 4,29
sondern redet, was gut ist, was erbaut und was
notwendig ist, damit es Segen bringe denen, die es
hören.

Hilf, dass ich rede stets, womit ich kann bestehen; lass 495,3
kein unnützlich Wort aus meinem Munde gehen; und
wenn in meinem Amt ich reden soll und muss, so gib
den Worten Kraft und Nachdruck ohn Verdruss.
Johann Heermann
Johannes 12,34–36(37–42) :: 1. Könige 1,28–53

21. **Ich will meinen heiligen Namen kundmachen unter** Hesekiel 39,7
Sa **meinem Volk.**

Jesus betet: **Ich habe ihnen deinen Namen kundgetan** Joh. 17,26
und werde ihn kundtun, damit die Liebe, mit der du
mich liebst, in ihnen sei und ich in ihnen.

Erhalte uns bei deinem Namen! Dein Sohn hat es für 208,3
uns erfleht. Geist, Wort und Wasser mach zum Samen
der Frucht des Heils, die nie vergeht! Jochen Klepper
Matthäus 13,31–35 :: 1. Könige 2,1–12

ESTOMIHI (Sei mir ein starker Fels! Psalm 31,3)

Seht, wir gehen hinauf nach Jerusalem, und es wird Lukas 18,31
alles vollendet werden, was geschrieben ist durch die
Propheten von dem Menschensohn.
Wochenlied: 413 oder 384
Wochenpsalm: 31,2.3b.4b.6.8–9
Markus 8,31–38 :: (Pr.) 1. Korinther 13,1–13 :: Psalm 31

1. Chr. 28,9	**Der Herr erforscht alle Herzen und versteht alles Dichten und Trachten.**	22. So

1. Petrus 1,17 **Da ihr den als Vater anruft, der ohne Ansehen der Person einen jeden richtet nach seinem Werk, so führt euer Leben, solange ihr hier in der Fremde weilt, in Gottesfurcht.**

Besser als ich mich kenne, kennst du mich, Gott. Näher als ich mir selbst bin, bist du mir, Herr. Was ich auch denke, plane, ist dir bekannt. Helle und dunkle Wege, du weißt sie wohl. Ringsum von allen Seiten umgibst du mich. In deiner Hand mein Leben, wo ich auch sei!

Johannes Petzold

5. Mose 16,20	**Was Recht ist, dem sollst du nachjagen, damit du leben kannst.**	23. Mo

1. Thess. 5,15 **Seht zu, dass keiner dem andern Böses mit Bösem vergelte, sondern jagt allezeit dem Guten nach untereinander und gegen jedermann.**

Bg 408 Gib, dass ich tue, was dein Gebot mich heißt, in voller Ruhe mit unverzagtem Geist! Scheint's töricht oder gar verwegen, so ist's zu wagen mit deinem Segen.

Walther Eugen Schmidt

Lukas 13,31–35 :: 1. Könige 3,1–15

1. Sam. 12,24	**Fürchtet den Herrn und dient ihm treu von ganzem Herzen; denn seht doch, wie große Dinge er an euch getan hat.**	24. Di

Markus 5,19 Jesus sprach zu dem Geheilten: **Geh hin in dein Haus zu den Deinen und verkünde ihnen, welch große Wohltat dir der Herr getan und wie er sich deiner erbarmt hat.**

279,7 Die ihr Gott fürchtet, ich erzähle: kommt, hört und betet mit mir an! Hört, was der Herr an meiner Seele für große Dinge hat getan. Rief ich ihn an mit meinem Munde, wenn Not von allen Seiten drang, so war oft zu derselben Stunde auf meiner Zung ein Lobgesang.

Matthias Jorissen

Lukas 5,33–39 :: 1. Könige 3,16–28

Februar

25. In der Zeit meiner Not suche ich den Herrn; meine Hand ist des Nachts ausgereckt und lässt nicht ab.
Mi
Psalm 77,3

Wenn ihr in mir bleibt und meine Worte in euch bleiben, werdet ihr bitten, was ihr wollt, und es wird euch widerfahren.
Johannes 15,7

Du willst, dass wir die Sorgen, die uns quälen, und alle Angst in deine Hand befehlen. Wenn ich verzagt bin und den Weg nicht sehe, schenk deine Nähe.
Detlev Block

2. Petrus 1,2–11 :: 1. Könige 5,1–14

26. Ich will die Müden erquicken und die Verschmachtenden sättigen.
Do
Jeremia 31,25

Jesus nahm die fünf Brote und zwei Fische und sah auf zum Himmel, dankte und brach die Brote und gab sie den Jüngern, damit sie unter ihnen austeilten, und die zwei Fische teilte er unter sie alle. Und sie aßen alle und wurden satt.
Mark. 6,41-42

Unsern Vater droben wollen wir nun loben, der das Leben gnädig schafft, täglich nährt mit neuer Kraft, loben auch im gleichen Ton Jesum Christum, seinen Sohn, der uns segnet von dem Thron.
Bg 926,1

Otto Riethmüller nach Michael Weiße

Sacharja 7,2–13 :: 1. Könige 5,15–32

27. Die Güte des Herrn ist's, dass wir nicht gar aus sind, seine Barmherzigkeit hat noch kein Ende, sondern sie ist alle Morgen neu.
Fr
Klgl. 3,22.23

Wenn nun Gott das Gras auf dem Feld so kleidet, das doch heute steht und morgen in den Ofen geworfen wird: sollte er das nicht viel mehr für euch tun, ihr Kleingläubigen?
Matthäus 6,30

All Morgen ist ganz frisch und neu des Herren Gnad und große Treu; sie hat kein End den langen Tag, drauf jeder sich verlassen mag. O Gott, du schöner Morgenstern, gib uns, was wir von dir begehrn: Zünd deine Lichter in uns an, lass uns an Gnad kein Mangel han.
440,1-2

Johannes Zwick

Johannes 8,21–30 :: 1. Könige 6,1–13

2. Mose 35,29	**So brachten die Israeliten, Männer und Frauen, die ihr Herz dazu trieb, freiwillige Gaben zu allem Werk, das der Herr durch Mose geboten hatte.**	28. Sa

1. Petrus 2,5 **Auch ihr als lebendige Steine erbaut euch zum geistlichen Hause und zur heiligen Priesterschaft, zu opfern geistliche Opfer, die Gott wohlgefällig sind durch Jesus Christus.**

Wir sind das Haus der Herrlichkeit, Kirche aus lebenden Steinen, wo unterm Kreuz uns allezeit Taufe und Glaube vereinen. Wo auch nur zwei zusammenstehn, warten auf sein Vorübergehn, kommt Jesus in ihre Mitte.
Otto Riethmüller nach
Nikolaj Frederik Severin Grundtvig
Daniel 5,1–7.17–30 :: 1. Könige 8,1–13

INVOCAVIT
(Er ruft mich an, darum will ich ihn erhören. Psalm 91,15)

1. Joh. 3,8b Dazu ist erschienen der Sohn Gottes, dass er die Werke des Teufels zerstöre.
Wochenlied: 362 oder 347
Wochenpsalm: 91,1–2.11–12.15
Matthäus 4,1–11 :: (Pr.) Hebräer 4,14–16 :: Psalm 91

2. Chr. 16,9	**Des Herrn Augen schauen alle Lande, dass er stärke, die mit ganzem Herzen bei ihm sind.**	29. So

Eph. 1,19–20 **Wie überschwänglich groß ist seine Kraft an uns, die wir glauben, weil die Macht seiner Stärke bei uns wirksam wurde, mit der er in Christus gewirkt hat.**

91,1 Herr, stärke mich, dein Leiden zu bedenken, mich in das Meer der Liebe zu versenken, die dich bewog, von aller Schuld des Bösen uns zu erlösen.
Christian Fürchtegott Gellert

MÄRZ

Monatsspruch: Der Herr, unser Gott, sei mit uns, wie er mit unseren Vätern war. Er verlasse uns nicht und verstoße uns nicht. — 1. Könige 8,57

1. Mo

Erhöre mich, Herr, erhöre mich, damit dies Volk erkennt, dass du, Herr, Gott bist und ihr Herz wieder zu dir kehrst! — 1. Kön. 18,37

Dazu seid ihr berufen, da auch Christus gelitten hat für euch und euch ein Vorbild hinterlassen, dass ihr sollt nachfolgen seinen Fußtapfen. — 1. Petrus 2,21

Die Menschen, die im Schlafe ruhn, erweck, o Herr, du musst es tun! Zeig ihnen deiner Wahrheit Licht, das alle Finsternis durchbricht.   Walther Eugen Schmidt — Bg 371,6

1. Johannes 3,7–11(12) :: 1. Könige 8,22–40

1. März 1457: Anfang der Brüder-Unität in Böhmen

2. Di

Die Wege des Herrn sind lauter Güte und Treue für alle, die seinen Bund und seine Gebote halten. — Psalm 25,10

Daran erkennen wir, dass wir Gottes Kinder lieben, wenn wir Gott lieben und seine Gebote halten. — 1. Joh. 5,2

Ich bitte dich nicht um Wunder und Visionen, Herr, sondern um Kraft für den Alltag. Lehre mich die Kunst der kleinen Schritte.   Antoine de Saint-Exupéry

Hiob 1,1–22 :: 1. Könige 8,41–61

3. Mi

Wir verkündigen dem kommenden Geschlecht den Ruhm des Herrn und seine Macht und seine Wunder, die er getan hat. — Psalm 78,4

Wir sind unter euch mütterlich gewesen: Wie eine Mutter ihre Kinder pflegt, so hatten wir Herzenslust an euch und waren bereit, euch nicht allein am Evangelium Gottes teilzugeben, sondern auch an unserm Leben; denn wir hatten euch lieb gewonnen. — 1. Thess. 2,7.8

Hier bin ich, Gott, ich will deine Kinder in meinem Arm halten und in meinem Herzen. Ich will etwas tun, um ihr Leben zu verändern. Ich will ihnen teilgeben an deiner Liebe.

1. Korinther 10,9–13 :: 1. Könige 9,1–9

---

4. Do

Psalm 19,9 **Die Gebote des Herrn sind lauter und erleuchten die Augen.**

Joh. 14,21 **Wer meine Gebote hat und hält sie, der ist's, der mich liebt. Wer mich aber liebt, der wird von meinem Vater geliebt werden, und ich werde ihn lieben und mich ihm offenbaren.**

Bg 681,4 Nun, das ist unsre Bitte, du Fürst in unsrer Mitte: Zeig deine Gegenwart, mach dein Gebot uns wichtig, das Herz zur Folge tüchtig und heilge unsre ganze Art!

N. L. von Zinzendorf

Jakobus 4,1–10 :: 1. Könige 10,1–13

Weltgebetstag – Frauen laden ein

5. Fr

Jesaja 11,2 **Auf ihm wird ruhen der Geist des Herrn, der Geist der Weisheit und des Verstandes, der Geist des Rates und der Stärke, der Geist der Erkenntnis und der Furcht des Herrn.**

Markus 1,9–11 **Jesus ließ sich taufen von Johannes im Jordan. Und alsbald, als er aus dem Wasser stieg, sah er, dass sich der Himmel auftat und der Geist wie eine Taube herabkam auf ihn. Und da geschah eine Stimme vom Himmel: Du bist mein lieber Sohn, an dir habe ich Wohlgefallen.**

Immer wieder rufst du deine Söhne und Töchter, immer wieder sprichst du zu uns. Immer wieder verlassen wir uns lieber auf unseren Verstand, immer wieder stoßen wir an unsere Grenzen. Und du stehst doch zu uns und sprichst erneut. Öffne unsre Ohren, Heiliger Geist!

Hebräer 2,11–18 :: 1. Könige 11,1–25

März 34

6. **Seid nicht halsstarrig, sondern gebt eure Hand dem Herrn und kommt zu seinem Heiligtum.**   2. Chr. 30,8
Sa

Gott wirkte nicht geringe Taten durch die Hände des Paulus.   Apg. 19,11

Du musst nur zu sehen lernen, wie er dich so väterlich führt; auch heute gibt er dir seine Hand, so greif doch zu und schlage sie nicht aus!   Paulus Stein   287,4

Offenbarung 20,1–6 :: 1. Könige 11,26–43

REMINISCERE
(Gedenke, Herr, an deine Barmherzigkeit! Psalm 25,6)

Gott erweist seine Liebe zu uns darin, dass Christus für uns gestorben ist, als wir noch Sünder waren.   Römer 5,8

Wochenlied: 366 :: Wochenpsalm: 10,3–4.12.18
Markus 12,1–12 :: (Pr.) Römer 5,1–5(6–11) :: Psalm 123

7. **Siehe, die Völker sind geachtet wie ein Tropfen am Eimer und wie ein Sandkorn auf der Waage.**   Jesaja 40,15
So

Ihr könnt die Liebe Christi erkennen, die alle Erkenntnis übertrifft, damit ihr erfüllt werdet mit der ganzen Gottesfülle.   Epheser 3,19

Das einige Notwendige ist Christi teilhaft sein, und dass man ihm behändige Geist, Seele und Gebein. Dann geht man seinen Gang gewiss und weiß, dass man durch keinen Riss sich von der Hand, die nie lässt gehn, getrennet werde sehn.   Bg 673

Christian Renatus von Zinzendorf

8. **Der Herr, dein Gott, wandelte dir den Fluch in Segen um, weil dich der Herr, dein Gott, lieb hatte.**   5. Mose 23,6
Mo

Jesus sprach zu der geheilten Frau: **Meine Tochter, dein Glaube hat dich gesund gemacht; geh hin in Frieden und sei gesund von deiner Plage!**   Markus 5,34

Schenke mir Gesundheit des Leibes mit dem nötigen Sinn dafür, ihn möglichst gut zu erhalten. Schenke mir eine heilige Seele, Herr, die im Auge behält, was gut und rein ist, damit sie sich nicht einschüchtern lässt vom Bösen, sondern Mittel findet, die Dinge in Ordnung zu bringen. Thomas Morus
Jeremia 26,1–3.7–16.24 :: Markus 10,32–34

Maleachi 3,2 **Wer wird aber den Tag seines Kommens ertragen können und wer wird bestehen, wenn er erscheint?** 9. Di

Markus 13,35 **Wacht nun; denn ihr wisst nicht, wann der Herr des Hauses kommt, ob am Abend oder zu Mitternacht oder um den Hahnenschrei oder am Morgen.**

530,4 Lass mich beizeit' mein Haus bestellen, dass ich bereit sei für und für und sage frisch in allen Fällen: Herr, wie du willst, so schick's mit mir! Mein Gott, mein Gott, ich bitt durch Christi Blut: mach's nur mit meinem Ende gut.
Ämilie Juliane von Schwarzburg-Rudolstadt
Hiob 2,1–10 :: Markus 10,35–45

Josua 24,18 **Auch wir wollen dem Herrn dienen; denn er ist unser Gott.** 10. Mi

1. Kor. 4,1 **Dafür halte uns jedermann: für Diener Christi und Haushalter über Gottes Geheimnisse.**

Verwehre uns, Herr, uns zum Maßstab zu setzen, mit dem man die Gabe des andern verkennt. Hilf, dass wir uns fördern und nicht nur behindern, dein Wort zu verkünden in vielfältigem Dienst.
Evang. und kath. Studentengemeinde Bonn 1966
2. Mose 17,1–7 :: Markus 10,46–52

Jesaja 41,16 **Du aber wirst fröhlich sein über den Herrn und wirst dich rühmen des Heiligen Israels.** 11. Do

1. Petrus 1,8 **Ihn habt ihr nicht gesehen und habt ihn doch lieb; und nun glaubt ihr an ihn, obwohl ihr ihn nicht seht; ihr werdet euch aber freuen mit unaussprechlicher und herrlicher Freude.**

Freut euch. Doch die Freude aller Frommen kenne auch | 239,5
der Freude tiefsten Grund. Gott wird einst in Christus
wiederkommen! Dann erfüllt sich erst der letzte Bund!
Er, der nah war, wird noch einmal nahen. Seine Herrschaft wird ohn Ende sein. Die sein Reich schon hier
im Glauben sahen, holt der König dann mit Ehren ein.
Jochen Klepper

1. Johannes 1,8–2,2(3–6) :: Markus 11,1–11

---

12. **Gott, sei mir gnädig nach deiner Güte, und tilge** | Psalm 51,3
Fr **meine Sünden nach deiner großen Barmherzigkeit.**

Also hat Gott die Welt geliebt, dass er seinen eingeborenen Sohn gab, damit alle, die an ihn glauben, nicht verloren werden, sondern das ewige Leben haben. | Johannes 3,16

Ich glaub an Jesus, welcher spricht: Wer glaubt, der | Bg 460,2
kommt nicht ins Gericht. Gott Lob! ich bin schon freigemacht, und meine Schuld ist weggebracht.
N. L. von Zinzendorf

Lukas 9,43b–48 :: Markus 11,12–19

---

13. **Herr, du dämpfst der Tyrannen Siegesgesang.** | Jesaja 25,5
Sa Maria singt: **Er übt Gewalt mit seinem Arm und zerstreut, die hoffärtig sind in ihres Herzens Sinn. Er stößt die Gewaltigen vom Thron und erhebt die Niedrigen.** | Lukas 1,51–52

Ein Lied hat die Freude sich ausgedacht. Ein Lied hat
die Hoffnung zum Klingen gebracht. Maria gab ihm
Worte und Ton. Sie pries Gottes Zukunft im eigenen
Sohn. Hartmut Handt

Galater 2,16–21 :: Markus 11,20–25

OCULI
(Meine Augen sehen stets auf den Herrn. Psalm 25,15)

Wer seine Hand an den Pflug legt und sieht zurück, der | Lukas 9,62
ist nicht geschickt für das Reich Gottes.

Wochenlied: 82 oder 96 :: Wochenpsalm: 34,16.18–20.23
Lukas 9,57–62 :: (Pr.) Epheser 5,1–8a :: Psalm 129

März

2. Sam. 12,9	**Warum hast du denn das Wort des Herrn verachtet, dass du getan hast, was ihm missfiel?**	14. So

Röm. 7,18-19 **Wollen habe ich wohl, aber das Gute vollbringen kann ich nicht. Denn das Gute, das ich will, das tue ich nicht; sondern das Böse, das ich nicht will, das tue ich.**

Bg 219,2 Der du aufhilfst unsrer Schwachheit, lehr uns beten in der Wahrheit. Hilf uns durch dein' heilgen Beistand dein Gebot erfüllen in Amt und Stand, richt in uns an ein neu Leben! Nach Michael Tham

Psalm 130,1.2	**Aus der Tiefe rufe ich, Herr, zu dir. Herr, höre meine Stimme!**	15. Mo

Markus 10,48.51 **Bartimäus schrie: Du Sohn Davids, erbarme dich meiner! Und Jesus antwortete und sprach zu ihm: Was willst du, dass ich für dich tun soll? Der Blinde sprach zu ihm: Rabbuni, dass ich sehend werde.**

Ich möchte aus dem Dunkel kommen und nicht länger weinen, ich möchte aus dem Dunkel kommen und scheinen. Wecke mich auf, wecke mich mit einem neuen Blick, ich stehe auf und sehe. Uwe Seidel
Lukas 14,(25–26)27–33(34–35) :: Markus 11,27–33

Psalm 38,19	**Ich bekenne meine Missetat und sorge mich wegen meiner Sünde.**	16. Di

Lukas 19,8 **Zachäus aber trat vor den Herrn und sprach: Siehe, Herr, die Hälfte von meinem Besitz gebe ich den Armen, und wenn ich jemanden betrogen habe, so gebe ich es vierfach zurück.**

70,4 Von Gott kommt mir ein Freudenschein, wenn du mich mit den Augen dein gar freundlich tust anblicken. Herr Jesu, du mein trautes Gut, dein Wort, dein Geist, dein Leib und Blut mich innerlich erquicken. Nimm mich freundlich in dein Arme und erbarme dich in Gnaden; auf dein Wort komm ich geladen. Philipp Nicolai
Hiob 7,11–21 :: Markus 12,1–12

März

17. Der Herr sprach zu mir: Du bist mein Knecht, Israel, durch den ich mich verherrlichen will. — Jesaja 49,3
Mi

Jesus spricht zu der samaritischen Frau: **Ihr wisst nicht, was ihr anbetet; wir wissen, was wir anbeten; denn das Heil kommt von den Juden.** — Johannes 4,22

Sieh dein Volk in Gnaden an. Hilf uns, segne, Herr, dein Erbe; leit es auf der rechten Bahn, dass der Feind es nicht verderbe. Führe es durch diese Zeit, nimm es auf in Ewigkeit.   Ignaz Franz — 331,9

Markus 9,38–41(42–47) :: Markus 12,13–17

18. Ich rief zu dem Herrn in meiner Angst und er antwortete mir. — Jona 2,3
Do

Jesus sprach zu Jairus: Fürchte dich nicht, glaube nur! — Markus 5,36

Komm in unser dunkles Herz, Herr, mit deines Lichtes Fülle; dass nicht Neid, Angst, Not und Schmerz deine Wahrheit uns verhülle, die auch noch in tiefer Nacht Menschenleben herrlich macht.   Hans von Lehndorff — 428,5

Markus 8,(10–13)14–21 :: Markus 12,18–27

19. Herr, frühe wollest du meine Stimme hören, frühe will ich mich zu dir wenden und aufmerken. — Psalm 5,4
Fr

Am Morgen, noch vor Tage, stand Jesus auf und ging hinaus. Und er ging an eine einsame Stätte und betete dort. — Markus 1,35

Gelobt sei deine Treue, die alle Morgen neue; Lob sei den starken Händen, die alles Herzleid wenden.
Paul Gerhardt — 58,7

Matthäus 10,34–39 :: Markus 12,28–34

20. Seid stille und erkennet, dass ich Gott bin! — Psalm 46,11
Sa
Ihr werdet die Wahrheit erkennen, und die Wahrheit wird euch frei machen. — Johannes 8,32

288,2	Erkennt, dass Gott ist unser Herr, der uns erschaffen ihm zur Ehr, und nicht wir selbst: durch Gottes Gnad ein jeder Mensch sein Leben hat. David Denicke

Lukas 17,28–33 :: Markus 12,35–37a

LAETARE (Freuet euch mit Jerusalem! Jesaja 66,10)

Joh. 12,24   Wenn das Weizenkorn nicht in die Erde fällt und erstirbt, bleibt es allein; wenn es aber erstirbt, bringt es viel Frucht.

Wochenlied: 98 oder 396 :: Wochenpsalm: 84,6–8.12
Johannes 12,20–26 :: (Pr.) 2. Korinther 1,3–7
Psalm 132

Zefanja 1,7   **Seid stille vor Gott dem Herrn, denn des Herrn Tag ist nahe.**   21. So

1. Petrus 4,7   **Es ist aber nahe gekommen das Ende aller Dinge. So seid nun besonnen und nüchtern zum Gebet.**

Schmerzlich entbehre ich, was du mir genommen hast, Gott. Ich spüre, es wird ruhiger in mir. Eines Tages werde ich zurückschauen und danken, dass ich beschenkt war in einem Maß, das meine Worte nicht auszusagen vermögen.

Psalm 119,105   **Dein Wort ist meines Fußes Leuchte und ein Licht auf meinem Wege.**   22. Mo

Apg. 4,29   **Gib deinen Knechten, mit allem Freimut zu reden dein Wort.**

196,5   Dein Wort, o Herr, lass allweg sein die Leuchte unsern Füßen; erhalt es bei uns klar und rein; hilf, dass wir draus genießen Kraft, Rat und Trost in aller Not, dass wir im Leben und im Tod beständig darauf trauen.

David Denicke

5. Mose 8,2–10 :: Markus 12,37b–40

Psalm 31,24   **Liebet den Herrn, alle seine Heiligen!**   23. Di

1. Kor. 3,17   **Der Tempel Gottes ist heilig; der seid ihr.**

Ich lobe dich von ganzer Seelen, dass du auf diesem 250, 1
Erdenkreis dir wollen eine Kirch erwählen zu deines
Namens Lob und Preis, darinnen sich viel Menschen
finden in einer heiligen Gemein, die da von allen ihren
Sünden durch Christi Blut gewaschen sein.
Friedrich Konrad Hiller

Hiob 9,14–23.32–35 :: Markus 12,41–44

24. Mi

Ich will mit ihnen einen Bund des Friedens schließen, der soll ein ewiger Bund mit ihnen sein. — Hes. 37,26

Gott war in Christus und versöhnte die Welt mit sich selber und rechnete ihnen ihre Sünden nicht zu und hat unter uns aufgerichtet das Wort von der Versöhnung. — 2. Kor. 5,19

Du Versöhner, mach auch uns versöhnlich. Dulder, 415,2
mach uns dir im Dulden ähnlich, dass Wort und Taten
wahren Dank für deine Huld verraten.
Carl Bernhard Garve

Johannes 15,9–17 :: Markus 13,1–13

25. Do

Der Vater macht den Kindern deine Treue kund. — Jesaja 38,19

Ihr Väter, reizet eure Kinder nicht, damit sie nicht mutlos werden. — Kolosser 3,21

Sprich deinen milden Segen zu allen unsern Wegen, 58,11
lass Großen und auch Kleinen die Gnadensonne scheinen.
Paul Gerhardt

2. Korinther 4,11–18 :: Markus 13,14–23

26. Fr

Samuel sprach: Dient dem Herrn von ganzem Herzen und folgt nicht den nichtigen Götzen nach; denn sie nützen nicht und können nicht erretten. — 1. Samuel 12,20.21

Ihr könnt nicht Gott dienen und dem Mammon. — Matt. 6,24

Was ist Götzendienst? An Stelle des einen wahren Gottes, der sich in seinem Wort offenbart hat, oder neben ihm irgendetwas anderes ersinnen oder haben, worauf der Mensch sein Vertrauen setzt.

Heidelberger Katechismus, Frage 95
Johannes 10,17–26 :: Markus 13,24–27

---

27. Sa

1. Sam. 17,37 **Geh hin, der Herr sei mit dir!**

Markus 6,7 **Jesus rief die Zwölf zu sich und fing an, sie auszusenden je zwei und zwei, und gab ihnen Macht über die unreinen Geister.**

Bg 430,5 Welch ein Herr, welch ein Herr! Ihm zu dienen, welch ein Stand! Wenn wir seines Dienstes pflegen, lohnt er unsrer schwachen Hand armes Werk mit reichem Segen. Wandern wir, so geht sein Friede mit Schritt vor Schritt. Carl Bernhard Garve

Johannes 14,15–21 :: Markus 13,28–37

JUDICA (Gott, schaffe mir Recht! Psalm 43,1)

Matt. 20,28 Der Menschensohn ist nicht gekommen, dass er sich dienen lasse, sondern dass er diene und gebe sein Leben zu einer Erlösung für viele.

Wochenlied: 76 :: Wochenpsalm: 43,1–4a
Markus 10,35–45 :: (Pr.) Hebräer 5,7–9 :: Psalm 102

---

28. So

Psalm 18,33 **Gott rüstet mich mit Kraft.**

2. Tim. 1,7 **Gott hat uns nicht gegeben den Geist der Furcht, sondern der Kraft und der Liebe und der Besonnenheit.**

Meine ganze Ohnmacht, was mich beugt und lähmt, bringe ich vor dich. Wandle sie in Stärke: Herr, erbarme dich. Mein verlornes Zutraun, meine Ängstlichkeit bringe ich vor dich. Wandle sie in Wärme: Herr, erbarme dich. Eugen Eckert

---

29. Mo

Psalm 129,2 **Sie haben mich oft bedrängt von meiner Jugend auf; aber sie haben mich nicht überwältigt.**

2. Kor. 4,9 **Wir leiden Verfolgung, aber wir werden nicht verlassen. Wir werden unterdrückt, aber wir kommen nicht um.**

Hab Lob und Ehr, hab Preis und Dank für die bisher'ge Treue, die du, o Gott, mir lebenslang bewiesen täglich neue. In mein Gedächtnis schreib ich an: der Herr hat Großes mir getan, bis hierher mir geholfen. 329,2
Ämilie Juliane von Schwarzburg-Rudolstadt

Hebräer (6,20)7,1–3(16–17)24–27 :: Markus 14,1–11

30. Di

Heile du mich, Herr, so werde ich heil; hilf du mir, so ist mir geholfen. Jeremia 17,14

Ihr seid teuer erkauft; darum preist Gott mit eurem Leibe. 1. Kor. 6,20

Ein Arzt ist uns gegeben, der selber ist das Leben; Christus, für uns gestorben, der hat das Heil erworben. 320,4
Ludwig Helmbold

Hiob 19,21–27 :: Markus 14,12–16

31. Mi

Wie lieb sind mir deine Wohnungen, Herr Zebaot! Psalm 84,2

Wir haben einen Hohenpriester über das Haus Gottes, so lasst uns hinzutreten mit wahrhaftigem Herzen in vollkommenem Glauben. Hebr. 10,21–22

Lass in Furcht mich vor dich treten, heilige du Leib und Geist, dass mein Singen und mein Beten ein gefällig Opfer heißt. Heilige du Mund und Ohr, zieh das Herze ganz empor. 166,3
Benjamin Schmolck

Hebräer 9,11–15 :: Markus 14,17–25

APRIL

1. Petrus 3,9 *Monatsspruch:* Vergeltet nicht Böses mit Bösem oder Scheltwort mit Scheltwort, sondern segnet vielmehr, weil ihr dazu berufen seid, dass ihr den Segen ererbt.

1. Do

Psalm 111,1 **Halleluja! Ich danke dem Herrn von ganzem Herzen im Rate der Frommen und in der Gemeinde.**

Philipper 2,2 Paulus schreibt: **Macht meine Freude dadurch vollkommen, dass ihr eines Sinnes seid, gleiche Liebe habt, einmütig und einträchtig seid.**

Bg 250,5 Erhalt uns, Herr, im rechten Glauben noch fernerhin bis an das End; ach lass uns nicht die Schätze rauben: dein heilig Wort und Sakrament. Erfüll die Herzen deiner Christen mit Gnade, Segen, Fried und Freud, durch Liebesfeu'r sie auszurüsten zur ungefärbten Einigkeit.

                                           Friedrich Konrad Hiller

1. Korinther 2,1–5 :: Markus 14,26–31

2. Fr

Psalm 104,4 **Du machst Winde zu deinen Boten und Feuerflammen zu deinen Dienern.**

Johannes 3,8 **Der Wind bläst, wo er will, und du hörst sein Sausen wohl; aber du weißt nicht, woher er kommt und wohin er fährt. So ist es bei jedem, der aus dem Geist geboren ist.**

Herr Jesus Christus, du König der Herrlichkeit, du bist erhöht über alle Welt. Wir bitten dich: Lass uns nicht allein und ohne Trost, sondern sende uns den verheißenen Geist, dass er uns in aller Anfechtung beistehe und dahin bringe, wohin du vorangegangen bist.

Hebräer 10,1.11–18 :: Markus 14,32–42

3. Sa

Hiob 4,17 **Wie kann ein Mensch gerecht sein vor Gott oder ein Mann rein sein vor dem, der ihn gemacht hat?**

2. Tim. 1,9 **Er hat uns selig gemacht und berufen mit einem heiligen Ruf, nicht nach unsern Werken, sondern nach seinem Ratschluss und nach der Gnade, die uns gegeben ist in Christus Jesus vor der Zeit der Welt.**

Nun, ich danke dir von Herzen, Herr, für alle deine Not: für die Wunden, für die Schmerzen, für den herben, bittern Tod; für dein Zittern, für dein Zagen, für dein tausendfaches Plagen, für dein Angst und tiefe Pein will ich ewig dankbar sein. 86,8

Ernst Christoph Homburg

Offenbarung 14,1–3(4.5) :: Markus 14,43–52

PALMSONNTAG

Der Menschensohn muss erhöht werden, damit alle, die an ihn glauben, das ewige Leben haben. Joh. 3,14b.15

Wochenlied: 87 :: Wochenpsalm: 69,17–19.30–31.33
Johannes 12,12–19 :: (Pr.) Philipper 2,5–11 :: Psalm 88

4. **Der Herr liebt Gerechtigkeit und Recht.** Psalm 33,5
So **Die vorangingen und die nachfolgten, schrien: Hosianna! Gelobt sei, der da kommt in dem Namen des Herrn! Gelobt sei das Reich unseres Vaters David, das da kommt! Hosianna in der Höhe!** Mark. 11,9–10

Bereitet doch fein tüchtig den Weg dem großen Gast; macht seine Steige richtig, lasst alles, was er hasst; macht alle Bahnen recht, die Tal lasst sein erhöhet, macht niedrig, was hoch stehet, was krumm ist, gleich und schlicht. Valentin Thilo 10,2

5. **Der Herr ist mein Fels und meine Burg und mein Erretter.** 2. Sam. 22,2
Mo
Niemand kann in das Haus eines Starken eindringen. Markus 3,27

Ach komm und sei uns Burg und Hort und lass von deinem lautern Wort uns nichts auf Erden treiben und segne gnädig unsern Gang, damit wir unser Leben lang bei deinem Hause bleiben. Julius Sturm

Römer 5,6–11 :: Markus 14,53–65

Daniel 2,22	**Er weiß, was in der Finsternis liegt, denn bei ihm ist lauter Licht.**	6. Di

2. Petrus 1,19 **Wir haben das prophetische Wort, und ihr tut gut daran, dass ihr darauf achtet als auf ein Licht, das da scheint an einem dunklen Ort, bis der Tag anbreche und der Morgenstern aufgehe in euren Herzen.**

93,1 Nun gehören unsre Herzen ganz dem Mann von Golgatha, der in bittern Todesschmerzen das Geheimnis Gottes sah, das Geheimnis des Gerichtes über aller Menschen Schuld, das Geheimnis neuen Lichtes aus des Vaters ewger Huld.   Friedrich von Bodelschwingh
Hiob 38,1–11;42,1–6 :: Markus 14,66–72

Habakuk 2,4	**Siehe, wer halsstarrig ist, der wird keine Ruhe in seinem Herzen haben, der Gerechte aber wird durch seinen Glauben leben.**	7. Mi

Römer 1,17 **Im Evangelium wird offenbart die Gerechtigkeit, die vor Gott gilt, welche kommt aus Glauben in Glauben.**

Du willst nicht, dass wir starr und unbeweglich sind – du begleitest uns, wenn durch deine Gegenwart ein Fest in uns anbricht. Selbst in dunklen Nächten bist du bei uns, wenn alles uns zurückhalten will, den Schritt vom Zweifel zum Glauben zu tun – Christus, wir loben dich: in der Tiefe unseres Zweifels erwartest du uns.
Jesaja 26,20–21 :: Markus 15,1–15

Gründonnerstag

Psalm 111,4 Er hat ein Gedächtnis gestiftet seiner Wunder, der gnädige und barmherzige Herr.
Lied: 223 :: Psalm: 111
Johannes 13,1–15(34–35) :: (Pr.) 1. Korinther 11,23–26
Markus 15,16–23

Jesaja 33,17	**Deine Augen werden den König sehen in seiner Schönheit.**	8. Do

April

> Die Soldaten zogen Jesus einen Purpurmantel an und flochten eine Dornenkrone und setzten sie ihm auf und fingen an, ihn zu grüßen: Gegrüßet seist du, der Juden König! — Mark. 15,17–18

Nun, was du, Herr, erduldet, ist alles meine Last; ich hab es selbst verschuldet, was du getragen hast. Schau her, hier steh ich Armer, der Zorn verdienet hat. Gib mir, o mein Erbarmer, den Anblick deiner Gnad. — 85,4
Paul Gerhardt

KARFREITAG

> Also hat Gott die Welt geliebt, dass er seinen eingeborenen Sohn gab, damit alle, die an ihn glauben, nicht verloren werden, sondern das ewige Leben haben. — Johannes 3,16

Lied: 83 oder 92 :: Psalm: 22,2–5.12.20
Johannes 19,16–30 :: (Pr.) 2. Korinther 5,(14b–18)19–21
Markus 15,24–41

9. Fr

> **Wer dem Geringen Gewalt tut, lästert dessen Schöpfer.** — Sprüche 14,31

> **Die Soldaten schlugen Jesus mit einem Rohr auf das Haupt und spien ihn an und fielen auf die Knie und huldigten ihm.** — Markus 15,19

Du wirst gegeißelt und mit Dorn gekrönet, ins Angesicht geschlagen und verhöhnet, du wirst mit Essig und mit Gall getränket, ans Kreuz gehenket. Was ist doch wohl die Ursach solcher Plagen? Ach, meine Sünden haben dich geschlagen; ich, mein Herr Jesu, habe dies verschuldet, was du erduldet. — 81,2–3
Johann Heermann

10. Sa

> **Stehe auf, o Gott, richte die Erde! denn dein Eigentum sind die Völker alle.** — Psalm 82,8

> **Wer an den Sohn glaubt, der wird nicht gerichtet.** — Johannes 3,18

Schlafe wohl nach deinem Leiden! Ruhe sanft nach hartem Streit! Weil dein Tod uns Himmelsfreuden, weil dein Kampf uns Sieg bereit'.

Hosea 5,15–6,3 :: Markus 15,42–47

OSTERFEST

Offb. 1,18 Christus spricht: Ich war tot, und siehe, ich bin lebendig von Ewigkeit zu Ewigkeit und habe die Schlüssel des Todes und der Hölle.
Wochenlied: 101 oder 106
Wochenpsalm: 118,15.17.22–24
Markus 16,1–8 :: (Pr.) 1. Korinther 15,1–11
Markus 16,1–8

Psalm 119,130 **Wenn dein Wort offenbar wird, so erfreut es und macht klug die Unverständigen.**

11. So

1. Kor. 15,20.21 **Nun ist Christus auferstanden. Denn da durch einen Menschen der Tod gekommen ist, so kommt auch durch einen Menschen die Auferstehung der Toten.**

117,1 Der schöne Ostertag! Ihr Menschen, kommt ins Helle! Christ, der begraben lag, brach heut aus seiner Zelle. Wär vorm Gefängnis noch der schwere Stein vorhanden, so glaubten wir umsonst. Doch nun ist er erstanden.   Jürgen Henkys nach Joachim F. Oudaan und George R. Woodward

OSTERMONTAG

Lukas 24,13–35 :: (Pr.) 1. Korinther 15,12–20
Markus 16,9–20

3. Mose 19,31 **Ihr sollt euch nicht wenden zu den Geisterbeschwörern und Zeichendeutern und sollt sie nicht befragen, dass ihr nicht an ihnen unrein werdet; ich bin der Herr, euer Gott.**

12. Mo

Johannes 17,3 **Das ist aber das ewige Leben, dass sie dich, der du allein wahrer Gott bist, und den du gesandt hast, Jesus Christus, erkennen.**

115,5 Jesus lebt! Ich bin gewiss, nichts soll mich von Jesus scheiden, keine Macht der Finsternis, keine Herrlichkeit, kein Leiden. Seine Treue wanket nicht; dies ist meine Zuversicht.   Christian Fürchtegott Gellert

April

13. **Wir wollen nicht mehr sagen zu den Werken unserer** — Hosea 14,4
Di **Hände: »Ihr seid unser Gott.«**

Nicht dass wir tüchtig sind von uns selber, uns etwas — 2. Kor. 3,5
zuzurechnen als von uns selber; sondern dass wir
tüchtig sind, ist von Gott.

Drum komm, Herr Jesu, stärke mich, hilf mir in mei- — 494,4
nen Werken, lass du mit deiner Gnade dich bei meiner
Arbeit merken; gib dein Gedeihen selbst dazu, dass ich
in allem, was ich tu, ererbe deinen Segen.
Salomo Liscow

1. Korinther 15,20–28 :: 1. Petrus 1,1–12

14. **Sie gieren alle, Klein und Groß, nach unrechtem Ge-** — Jer. 6,13–14
Mi **winn, und Propheten und Priester gehen alle mit**
Lüge um und heilen den Schaden meines Volks nur
obenhin, indem sie sagen: »Friede! Friede!«, und ist
doch nicht Friede.

Folge nicht dem Bösen nach, sondern dem Guten. — 3. Johannes 11
Wer Gutes tut, der ist von Gott; wer Böses tut, der hat
Gott nicht gesehen.

Lass alle Welt erkennen, dass wir aus deiner Barmherzigkeit leben. Hilf uns, ehrlich miteinander umzuge-
hen, uns in Arbeit und Beruf gegenseitig zu achten und
zu fördern. Sei du selbst Maß und Ziel für all unser
Tun. Aus einer Liturgie der Brüdergemeine

1. Korinther 15,35–49 :: 1. Petrus 1,13–16

15. **Ihr sollt mir ein Königreich von Priestern und ein** — 2. Mose 19,6
Do **heiliges Volk sein.**

Jesus Christus, der uns liebt und uns erlöst hat von — Offenb. 1,5–6
unsern Sünden mit seinem Blut und uns zu Königen
und Priestern gemacht hat vor Gott, seinem Vater,
ihm sei Ehre und Gewalt von Ewigkeit zu Ewigkeit!

Mache uns zu deinem Dienst auf der gnadenvollen — Bg 373,2
Erde bei der Herde, die sich zu der Herrlichkeit zube-
reit' und der deine Sache wichtig, willig, munter, treu
und tüchtig jetzt noch in der Gnadenzeit.
N.L. von Zinzendorf

1. Korinther 15,50–57 :: 1. Petrus 1,17–21

April

| Psalm 8,5 | Was ist der Mensch, dass du seiner gedenkst, und des Menschen Kind, dass du dich seiner annimmst? | 16. Fr |

Mark. 9,36–37 Jesus nahm ein Kind, stellte es mitten unter sie und herzte es und sprach zu ihnen: Wer ein solches Kind in meinem Namen aufnimmt, der nimmt mich auf.

354,2 Es ist das ewige Erbarmen, das alles Denken übersteigt; es sind die offnen Liebesarme des, der sich zu den Sündern neigt, dem allemal das Herze bricht, wir kommen oder kommen nicht.   Johann Andreas Rothe
1. Korinther 5,6b–8 :: 1. Petrus 1,22–2,3

| Jesaja 26,8 | Wir warten auf dich, Herr, auch auf dem Wege deiner Gerichte. | 17. Sa |

2. Kor. 1,7 Wie ihr an den Leiden teilhabt, so werdet ihr auch am Trost teilhaben.

65,2.4 Noch will das Alte unsre Herzen quälen, noch drückt uns böser Tage schwere Last. Ach Herr, gib unsern aufgeschreckten Seelen das Heil, für das du uns geschaffen hast. Doch willst du uns noch einmal Freude schenken an dieser Welt und ihrer Sonne Glanz, dann wolln wir des Vergangenen gedenken, und dann gehört dir unser Leben ganz.   Dietrich Bonhoeffer
2. Timotheus 2,8–13 :: 1. Petrus 2,4–10

QUASIMODOGENITI
(Wie die neugeborenen Kindlein. 1. Petrus 2,2)

1. Petrus 1,3 Gelobt sei Gott, der Vater unseres Herrn Jesus Christus, der uns nach seiner großen Barmherzigkeit wiedergeboren hat zu einer lebendigen Hoffnung durch die Auferstehung Jesu Christi von den Toten.
Wochenlied: 102 :: Wochenpsalm: 116,3.8–9.13
Johannes 20,19–29 :: (Pr.) 1. Petrus 1,3–9 :: Psalm 128

| Micha 7,8 | Wenn ich auch im Finstern sitze, so ist doch der Herr mein Licht. | 18. So |

Johannes 8,12 Jesus sprach: Ich bin das Licht der Welt. Wer mir nachfolgt, der wird nicht wandeln in der Finsternis, sondern wird das Licht des Lebens haben.

In uns bist du der Eine, der bindet, was zerriss. Nun irr ich nicht alleine, du gibst mir die Gemeine zum Lichtweg in der Finsternis. Kurt Müller-Osten

19. Seine Hilfe ist nahe denen, die ihn fürchten, dass Ps. 85,10.11
Mo Güte und Treue einander begegnen, Gerechtigkeit und Friede sich küssen.

Hinfort liegt für mich bereit die Krone der Gerechtigkeit, die mir der Herr, der gerechte Richter, an jenem Tag geben wird, nicht aber mir allein, sondern auch allen, die seine Erscheinung lieb haben. 2. Tim. 4,8

Man kann in dieser Welt, wie sie ist, nur dann weiterleben, wenn man zutiefst glaubt, dass sie nicht so bleibt, sondern werden wird, wie sie sein soll.

Jesaja 42,10–16 :: 1. Petrus 2,11–17

20. Errette, die man zum Tode schleppt, und entzieh dich Spr. 24,11–12
Di nicht denen, die zur Schlachtbank wanken. Sprichst du: »Siehe, wir haben's nicht gewusst!«, fürwahr, der die Herzen prüft, merkt es.

Jesus spricht: **Was ich aber euch sage, das sage ich allen: Wachet!** Markus 13,37

Herr Jesus Christus, du hast denen deine Stimme gegeben, die von anderen zum Schweigen gebracht wurden. Du nahmst alle Kraft aus der Gewissheit, dass dein himmlischer Vater auf deiner Seite ist. Sei nun du uns nahe, wo wir unsere Angst überwinden und Unrecht beim Namen nennen.

Hiob 42,7–13(14–17) :: 1. Petrus 2,18–25

21. Bekehret euch, ein jeder von seinem bösen Wege und Jeremia 25,5
Mi von euren bösen Werken.

Vergib uns unsere Schuld. Matt. 6,12

Vertraut den neuen Wegen und wandert in die Zeit! Gott will, dass ihr ein Segen für seine Erde seid. Der uns in 395,2 frühen Zeiten das Leben eingehaucht, der wird uns dahin leiten, wo er uns will und braucht.

Klaus Peter Hertzsch

1. Petrus 1,22–25 :: 1. Petrus 3,1–7

Joel 2,26 **Ihr sollt genug zu essen haben und den Namen des Herrn, eures Gottes, preisen.** 22. Do

2. Kor. 9,10 **Der aber Samen gibt dem Sämann und Brot zur Speise, der wird auch euch Samen geben und ihn mehren und wachsen lassen die Früchte eurer Gerechtigkeit.**

Bg 931,1.3 Herr Gott, gib uns das täglich Brot, wie du bisher gegeben, und hilf, dass wir nach dein'm Gebot durch Brotes Kraft dir leben! Hilf, Heilger Geist, und lass uns nun auch selbst zum Brote werden, was uns im Brot geschah, auch tun den Menschen hier auf Erden!

Arno Pötzsch

Johannes 17,9–19 :: 1. Petrus 3,8–12

Jesaja 57,19 **Friede, Friede denen in der Ferne und denen in der Nähe, spricht der Herr; ich will sie heilen.** 23. Fr

Joh. 14,27 **Den Frieden lasse ich euch, meinen Frieden gebe ich euch. Nicht gebe ich euch, wie die Welt gibt. Euer Herz erschrecke nicht und fürchte sich nicht.**

Herr, erwecke deine Kirche und fange bei mir an. Herr, baue deine Gemeinde auf und fange bei mir an. Herr, lass Frieden und Gotteserkenntnis überall auf Erden kommen und fange bei mir an. Herr, bringe deine Liebe und Wahrheit zu allen Menschen und fange bei mir an.

Aus China

Lukas 23,50–56 :: 1. Petrus 3,13–17

Psalm 57,10 **Herr, ich will dir danken unter den Völkern, ich will dir lobsingen unter den Leuten.** 24. Sa

April

Als aber Jesus auferstanden war früh am ersten Tag der Woche, erschien er zuerst Maria von Magdala, von der er sieben böse Geister ausgetrieben hatte. Und sie ging hin und verkündete es denen, die mit ihm gewesen waren und Leid trugen und weinten. — Mark. 16,9–10

Geht und verkündigt, dass Jesus lebt, darüber freu sich alles, was lebt. Was Gott geboten, ist nun vollbracht, Christ hat das Leben wiedergebracht. Lasst uns lobsingen vor unserem Gott, der uns erlöst hat vom ewigen Tod. Sünd ist vergeben, Halleluja! Jesus bringt Leben, Halleluja! — 116,4

    Ulrich S. Leupold nach einem Lied aus Tanzania
Johannes 12,44–50 :: 1. Petrus 3,18–22

MISERICORDIAS DOMINI
(Die Erde ist voll der Güte des Herrn. Psalm 33,5)

Christus spricht: Ich bin der gute Hirte. Meine Schafe hören meine Stimme, und ich kenne sie, und sie folgen mir; und ich gebe ihnen das ewige Leben. — Johannes 10,11a.27–28a

Wochenlied: 274 :: Wochenpsalm: 23
Johannes 10,11–16(27–30) :: (Pr.) 1. Petrus 2,21b–25
Psalm 136

25. So

Herr, du bist mein Gott, dich preise ich; ich lobe deinen Namen. Denn du hast Wunder getan. — Jesaja 25,1

Gelobt sei Gott, der Vater unseres Herrn Jesus Christus, der uns nach seiner großen Barmherzigkeit wiedergeboren hat zu einer lebendigen Hoffnung durch die Auferstehung Jesu Christi von den Toten. — 1. Petrus 1,3

Was euch auch niederwirft, Schuld, Krankheit, Flut und Beben – er, den ihr lieben dürft, trug euer Kreuz ins Leben. Läg er noch immer, wo die Frauen ihn nicht fanden, so kämpften wir umsonst. Doch nun ist er erstanden. — 117,2

 Jürgen Henkys nach J.F. Oudaan und G.R. Woodward

Jeremia 9,6	**Siehe, ich will mein Volk schmelzen und prüfen.**	26.
Joh. 9,2–3	**Seine Jünger fragten ihn: Meister, wer hat gesündigt, dieser oder seine Eltern, dass er blind geboren ist? Jesus antwortete: Es hat weder dieser gesündigt noch seine Eltern, sondern es sollen die Werke Gottes offenbar werden an ihm.**	Mo

Bg 749,2 Wie liegt auf unserm Pfade oft schweres Hindernis; doch leitet deine Gnade uns sicher und gewiss. Sie lässt dein Heil uns finden durch Kampf mit Angst und Graun. Wir können's nicht ergründen, wir können nur vertraun.   Leipzig 1844

4. Mose 27,(12–14)15–23 :: 1. Petrus 4,1–11

Jesaja 25,8	**Der Herr wird aufheben die Schmach seines Volks in allen Landen.**	27.
Römer 11,32	**Gott hat alle eingeschlossen in den Ungehorsam, damit er sich aller erbarme.**	Di

51,3 Er kam herab in unsre Not, er trug die Schmach und litt den Tod und wollt sich uns verbünden, dass wir, von Schuld und Tod befreit, ein neu Geschlecht am End der Zeit, sein wahres Leben künden.   Kurt Müller-Osten

1. Korinther 4,9–16 :: 1. Petrus 4,12–19

Jeremia 32,17	**Ach Herr, siehe, du hast Himmel und Erde gemacht durch deine große Kraft und durch deinen ausgestreckten Arm, und es ist kein Ding vor dir unmöglich.**	28.
Markus 10,27	**Jesus sprach: Bei den Menschen ist's unmöglich, aber nicht bei Gott; denn alle Dinge sind möglich bei Gott.**	Mi

Bg 764,1 Gott, der wird's wohl machen, mächtig in den Schwachen ist er allezeit. Wem hat's je gefehlet, der ihm hat erzählet all sein Herzeleid? Drum, mein Herz, vergiss den Schmerz! Alles steht in seinen Händen, Gott kann alles wenden.   Ernst Stockmann

Johannes 17,20–26 :: 1. Petrus 5,1–7

April 54

29. **Wohlan, alle, die ihr durstig seid, kommt her zum**   Jesaja 55,1
Do **Wasser!**

Der Seher Johannes schreibt: **Der auf dem Thron saß,**   Offenb. 21,5–6
sprach: Ich will dem Durstigen geben von der Quelle
des lebendigen Wassers umsonst.

Wir strecken unsre Hände aus wie leere Schalen. Gib
Leben aus der Quelle, Gott, die nicht mit unsrer Kraft
verrinnt.   Jürgen Henkys nach Svein Ellingsen
Epheser 4,(8–10)11–16 :: 1. Petrus 5,8–14

30. **Der Herr sprach: Mein Angesicht soll vorangehen;**   2. Mose 33,14
Fr **ich will dich zur Ruhe leiten.**

Jesus sprach zu Levi: Folge mir nach! Und er stand   Markus 2,14
auf und folgte ihm nach.

Du legst uns deine Worte und deine Taten vor. Herr,   168,2–3
öffne unsre Herzen und unser Ohr. Herr, sammle die
Gedanken und schick uns deinen Geist, der uns das
Hören lehrt und dir folgen heißt.   Kurt Rommel
Matthäus 26,30–35 :: 1. Timotheus 1,1–11

MAI

1. Tim. 2,4 *Monatsspruch:* Gott will, dass alle Menschen gerettet werden und zur Erkenntnis der Wahrheit gelangen.

1. Sa

Jesaja 31,5 **Der Herr Zebaot wird Jerusalem beschirmen, wie Vögel es tun mit ihren Flügeln, er wird schützen, erretten, schonen und befreien.**

2. Tim. 4,18 **Der Herr wird mich erlösen von allem Übel und mich retten in sein himmlisches Reich. Ihm sei Ehre von Ewigkeit zu Ewigkeit!**

Das Kreuz Christi ist eine Last von der Art, wie es die Flügel für die Vögel sind. Sie tragen aufwärts.
Bernhard von Clairvaux

Johannes 14,1–6 :: 1. Timotheus 1,12–20

JUBILATE (Jauchzet Gott, alle Lande! Psalm 66,1)

2. Kor. 5,17 Ist jemand in Christus, so ist er eine neue Kreatur; das Alte ist vergangen, siehe, Neues ist geworden.
Wochenlied: 108 :: Wochenpsalm: 66,1–2.5.7–9
Johannes 15,1–8 :: (Pr.) 1. Johannes 5,1–4 :: Psalm 148

2. So

Psalm 103,11 **So hoch der Himmel über der Erde ist, lässt er seine Gnade walten über denen, die ihn fürchten.**

2. Kor. 6,1 **Als Mitarbeiter aber ermahnen wir euch, dass ihr die Gnade Gottes nicht vergeblich empfangt.**

289,5 Sei Lob und Preis mit Ehren Gott Vater, Sohn und Heilgem Geist! Der wolle in uns mehren, was er aus Gnaden uns verheißt, dass wir ihm fest vertrauen, uns gründen ganz auf ihn, von Herzen auf ihn bauen, dass unser Mut und Sinn ihm allezeit anhangen. Drauf singen wir zur Stund: Amen, wir werden's erlangen, glaubn wir von Herzensgrund. Johann Gramann

Mai

3. **Gott sah an alles, was er gemacht hatte, und siehe, es** 1. Mose 1,31
Mo **war sehr gut.**

Alles, was Gott geschaffen hat, ist gut, und nichts ist 1. Tim. 4,4
verwerflich, was mit Danksagung empfangen wird.

Himmel, Erde, Luft und Meer zeugen von des Schöp- 504,1
fers Ehr; meine Seele, singe du, bring auch jetzt dein
Lob herzu.   Joachim Neander

Römer 1,18–25 :: 1. Timotheus 2,1–7

3. Mai 1728: Beginn der Losungen in Herrnhut

4. **Gedenket des Vorigen, wie es von alters her war: Ich** Jesaja 46,9
Di **bin Gott und sonst keiner mehr, ein Gott, dem nichts**
gleicht.

Paulus schreibt: **Durch Gottes Gnade bin ich, was ich** 1. Kor. 15,10
bin.

Wahrlich, wenn ich mir dankbarlich vor dir alle deine Bg 783,2
Wunderwege mit mir Armem überlege, seit ich deine
bin, so erstaunt mein Sinn.   N. L. von Zinzendorf

2. Korinther 5,11–18 :: 1. Timotheus 2,8–15

5. **Eines jeden Wege liegen offen vor dem Herrn.** Sprüche 5,21
Mi Der Sohn Gottes sagt: **Ich bin es, der die Nieren und** Offenb. 2,23
Herzen erforscht.

Vor dir hingestellt, jede Hülle fällt. Ach, vor deinem 511,4
Angesichte steh ich erst im rechten Lichte; was ich bin
vor dir, das bin ich in mir.   Philipp Spitta

Johannes 8,31–36 :: 1. Timotheus 3,1–13

6. **Der Herr sprach zu Abram: In dir sollen gesegnet** 1. Mose 12,1.3
Do **werden alle Geschlechter auf Erden.**

Maria singt: **Gott gedenkt der Barmherzigkeit und** Lukas 1,54-55
hilft seinem Diener Israel auf, wie er geredet hat zu
unsern Vätern, Abraham und seinen Kindern in
Ewigkeit.

12,1-2	Gott sei Dank durch alle Welt, der sein Wort beständig hält und der Sünder Trost und Rat zu uns hergesendet hat. Was der alten Väter Schar höchster Wunsch und Sehnen war und was sie geprophezeit, ist erfüllt in Herrlichkeit. Heinrich Held	

Römer 8,7–11 :: 1. Timotheus 3,14–16

Sacharja 4,6 **Es soll nicht durch Heer oder Kraft, sondern durch meinen Geist geschehen, spricht der Herr Zebaot.** 7. Fr

1. Kor. 2,12 **Wir haben nicht empfangen den Geist der Welt, sondern den Geist aus Gott.**

136,2 O du, den unser größter Regent uns zugesagt: komm zu uns, werter Tröster, und mach uns unverzagt. Gib uns in dieser schlaffen und glaubensarmen Zeit die scharf geschliffnen Waffen der ersten Christenheit.
Philipp Spitta

Johannes 19,1–7 :: 1. Timotheus 4,1–11

Hosea 6,6 **So spricht der Herr: Ich habe Lust an der Liebe und nicht am Opfer, an der Erkenntnis Gottes und nicht am Brandopfer.** 8. Sa

1. Kor. 13,13 **Es bleiben Glaube, Hoffnung, Liebe, diese drei; aber die Liebe ist die größte unter ihnen.**

Hast du zum festen Grunde den Glauben mir beschert, so gib mir auch im Bunde die zwei von seltnem Wert: Liebe, die alls durchdringt, und Hoffnung als die Flügel, mit denen über Hügel und Berg der Glaube schwingt.
Johann Amos Comenius

Offenbarung 22,1–5 :: 1. Timotheus 4,12–5,2

CANTATE
(Singet dem Herrn ein neues Lied! Psalm 98,1)

Psalm 98,1 Singet dem Herrn ein neues Lied, denn er tut Wunder.
Wochenlied: 243 oder 341 :: Wochenpsalm: 98,1–4
Matthäus 11,25–30 :: (Pr.) Kolosser 3,12–17 :: Psalm 149

Sacharja 3,9 **Ich will die Sünde des Landes wegnehmen an einem einzigen Tag.** 9. So

Mai

> Gott wird euch fest erhalten bis ans Ende, dass ihr untadelig seid am Tag unseres Herrn Jesus Christus.
> *1. Kor. 1,8*

Ohn dich wir hätten keinen, der uns hier trägt und hält. Wir aber sind die Deinen vom Anbeginn der Welt. Du bist der große Treue im Leben und im Tod. Wir bergen uns aufs Neue in dir, du unser Gott! Arno Pötzsch *Bg 932,2*

10. Mo

> Der Herr, unser Gott, sei uns freundlich und fördere das Werk unsrer Hände bei uns. Ja, das Werk unsrer Hände wollest du fördern!
> *Psalm 90,17*

> Lasst uns Gutes tun und nicht müde werden; denn zu seiner Zeit werden wir auch ernten, wenn wir nicht nachlassen.
> *Galater 6,9*

Was dir gefällt, das lass auch mir, o meiner Seelen Sonn und Zier, gefallen und belieben; was dir zuwider, lass mich nicht in Werk und Tat verüben. Paul Gerhardt *497,7*

Jakobus 1,17–25(26.27) :: 1. Timotheus 5,3–16

11. Di

> Ich will den Frieden zu deiner Obrigkeit machen und die Gerechtigkeit zu deiner Regierung.
> *Jesaja 60,17*

> Die Liebe freut sich nicht über die Ungerechtigkeit, sie freut sich aber an der Wahrheit.
> *1. Kor. 13,6*

Komm in unsre stolze Welt, Herr, mit deiner Liebe Werben. Überwinde Macht und Geld, lass die Völker nicht verderben. Wende Hass und Feindessinn auf den Weg des Friedens hin. Hans von Lehndorff *428,1*

Lukas 19,36–40 :: 1. Timotheus 5,17–25

12. Mi

> Wir, dein Volk, die Schafe deiner Weide, danken dir ewiglich und verkünden deinen Ruhm für und für.
> *Psalm 79,13*

> Spricht Jesus zu Simon Petrus: Simon, Sohn des Johannes, hast du mich lieber, als mich diese haben? Er spricht zu ihm: Ja, Herr, du weißt, dass ich dich lieb habe. Spricht Jesus zu ihm: Weide meine Lämmer!
> *Joh. 21,15*

Bg 402,3	Hast du mich in der Welt gewollt auf eine solche Weise, dass ich dein Diener heißen sollt zu deines Namens Preise, und bin ich, wie ich etwa bin, nicht ohne Gnad und Gabe: so gib mir auch in meinen Sinn, was ich zu machen habe. N.L. von Zinzendorf	

Römer 15,14–21 :: 1. Timotheus 6,1–10

---

3. Mose 22,31	**Haltet meine Gebote und tut danach; ich bin der Herr.**	13. Do
Matt. 7,12	**Alles, was ihr wollt, dass euch die Leute tun sollen, das tut ihnen auch! Das ist das Gesetz und die Propheten.**	

Herr Jesus Christus, es wäre gut, wenn die Menschen in Liebe und Achtung vor deinen Geschöpfen deine Weisungen hörten. Sie wären Hilfe zum Leben in der Welt. Öffne du Augen, Ohren und Herzen – alle Morgen neu.

1. Korinther 14,6–9.15–19 :: 1. Timotheus 6,11–16

Psalm 118,21	**Ich danke dir, dass du mich erhört hast und hast mir geholfen.**	14. Fr
Lukas 7,50	**Jesus sprach zu der Frau: Dein Glaube hat dir geholfen; geh hin in Frieden!**	
352,4	Hoffnung kann das Herz erquicken; was ich wünsche, wird sich schicken, wenn es meinem Gott gefällt. Meine Seele, Leib und Leben hab ich seiner Gnad ergeben und ihm alles heimgestellt. Nürnberg 1676	

Lukas 22,39–46 :: 1. Timotheus 6,17–21

Hesekiel 39,29	**Ich will mein Angesicht nicht mehr vor ihnen verbergen; denn ich habe meinen Geist über das Haus Israel ausgegossen, spricht Gott der Herr.**	15. Sa
1. Joh. 3,2	**Wir sind schon Gottes Kinder; es ist aber noch nicht offenbar geworden, was wir sein werden. Wir wissen aber: wenn es offenbar wird, werden wir ihm gleich sein; denn wir werden ihn sehen, wie er ist.**	

Wenn ich schlafe, wacht sein Sorgen und ermuntert 325,7
mein Gemüt, dass ich alle liebe Morgen schaue neue
Lieb und Güt. Wäre mein Gott nicht gewesen, hätte
mich sein Angesicht nicht geleitet, wär ich nicht aus so
mancher Angst genesen. Alles Ding währt seine Zeit,
Gottes Lieb in Ewigkeit. Paul Gerhardt
Johannes 6,(60–62)63–69 :: 2. Timotheus 1,1–12

Missionsopferwoche

ROGATE (Betet!)

Gelobt sei Gott, der mein Gebet nicht verwirft noch Psalm 66,20
seine Güte von mir wendet.
Wochenlied: 133 oder 344 :: Wochenpsalm: 95,1–2.6–7a
Johannes 16,23b–28(29–32)33
(Pr.) 1. Timotheus 2,1–6a :: Psalm 92

16. So
Die Gerechten freuen sich und sind fröhlich vor Gott Psalm 68,4
und freuen sich von Herzen.

Christus spricht: **Ihr habt nun Traurigkeit; aber ich** Joh. 16,22
will euch wiedersehen, und euer Herz soll sich
freuen, und eure Freude soll niemand von euch neh-
men.

Die Seele nährt sich von dem, woran sie sich freut.
Augustinus

17. Mo
Warum sprichst du denn, Jakob, und du, Israel, Jesaja 40,27
sagst: »Mein Weg ist dem Herrn verborgen, und mein
Recht geht vor meinem Gott vorüber?«

Werft euer Vertrauen nicht weg, welches eine große Hebräer 10,35
Belohnung hat.

Wer kann dich, Herr, verstehen, wer deinem Lichte Bg 749,1
nahn? Wer kann den Ausgang sehen von deiner Führung Bahn? Du lösest, was wir binden, du stürzest, was
wir baun. Wir können's nicht ergründen, wir können
nur vertraun. Leipzig 1844
1. Könige 3,5–15 :: 2. Timotheus 1,13–18

18. Di

1. Könige 8,52 **Lass deine Augen offen sein für das Flehen deines Knechts und deines Volkes Israel, dass du sie hörst, sooft sie dich anrufen.**

Markus 10,47 **Bartimäus fing an zu schreien und zu sagen: Jesus, du Sohn Davids, erbarme dich meiner!**

232,1 Allein zu dir, Herr Jesu Christ, mein Hoffnung steht auf Erden. Ich weiß, dass du mein Tröster bist, kein Trost mag mir sonst werden. Von Anbeginn ist nichts erkorn, auf Erden ward kein Mensch geborn, der mir aus Nöten helfen kann; ich ruf dich an, zu dem ich mein Vertrauen han. — Konrad Hubert

2. Mose 17,8–13 :: 2. Timotheus 2,1–13

19. Mi

Ps. 50,16-17 **Was hast du von meinen Geboten zu reden und nimmst meinen Bund in deinen Mund, da du doch Zucht hassest und wirfst meine Worte hinter dich?**

Matthäus 7,21 **Es werden nicht alle, die zu mir sagen: Herr, Herr!, in das Himmelreich kommen, sondern die den Willen tun meines Vaters im Himmel.**

Ich bin ein Sünder, du bist gerecht. Hier bei mir ist die Krankheit der Sünde, in dir aber ist die Fülle der Gerechtigkeit. Darum bleibe ich bei dir. Dir muss ich nicht geben; von dir kann ich nehmen. — Martin Luther

Lukas 11,1–4 :: 2. Timotheus 2,14–26

HIMMELFAHRT DES HERRN

Joh. 12,32 Christus spricht: Wenn ich erhöht werde von der Erde, so will ich alle zu mir ziehen.
Lied: 121 :: Psalm: 47,2.6.8–9
Lukas 24,(44–49)50–53
(Pr.) Apostelgeschichte 1,3–4(5–7)8–11
Philipper 2,6–11

20. Do

Psalm 119,24 **Ich habe Freude an deinen Mahnungen; sie sind meine Ratgeber.**

Lukas 24,5-6 **Was sucht ihr den Lebenden bei den Toten? Er ist nicht hier, er ist auferstanden. Gedenkt daran, wie er euch gesagt hat.**

Durch ihn der Himmel unser ist. Hilf uns, o Bruder 121,4
Jesu Christ, Halleluja, Halleluja, dass wir nur trauen
fest auf dich und durch dich leben ewiglich. Halleluja,
Halleluja. Bei Michael Praetorius

21. **Herr, wenn Trübsal da ist, so suchen wir dich.** Jesaja 26,16
Fr **Gott tröstet uns in aller unserer Trübsal, damit wir** 2. Kor. 1,4
auch trösten können, die in allerlei Trübsal sind, mit
dem Trost, mit dem wir selber getröstet werden von
Gott.

Gott, du hast schon manches Mal getröstet und uns
wieder froh gemacht. Darum bringen wir auch heute
das vor dich, was uns Sorgen macht. Wir bitten dich
um Ermutigung. Zugleich danken wir dir für alle Zeichen
deiner Nähe. Stärke uns, wo wir zu trösten versuchen.

Johannes 18,33–38 :: 2. Timotheus 3,1–9

22. **Du sollst dem Frevler nicht Beistand leisten, indem** 2. Mose 23,1
Sa **du als ungerechter Zeuge auftrittst.**
Legt die Lüge ab und redet die Wahrheit, ein jeder Epheser 4,25
mit seinem Nächsten, weil wir untereinander Glieder
sind.

Das helfe Gott uns allen gleich, dass wir von Sünden 145,7
lassen, und führe uns zu seinem Reich, dass wir das
Unrecht hassen. Herr Jesu Christe, hilf uns nun und gib
uns deinen Geist dazu, dass wir dein Warnung fassen.
Johann Walter
Epheser 6,18–20(21.22)23–24 :: 2. Timotheus 3,10–17

Weltgebetswoche für die Einheit der Christen
(Ökumenische Gebetswoche)

EXAUDI (Herr, höre meine Stimme! Psalm 27,7)

Christus spricht: Wenn ich erhöht werde von der Erde, Joh. 12,32
so will ich alle zu mir ziehen.
Wochenlied: 128 :: Wochenpsalm: 27,1.7–9b
Johannes 15,26–16,4 :: (Pr.) Epheser 3,14–21 :: Psalm 131

Psalm 97,10	**Die ihr den Herrn liebet, hasset das Arge!**	23.
1. Petrus 1,15	**Wie der, der euch berufen hat, heilig ist, sollt auch ihr heilig sein in eurem ganzen Wandel.**	So

389,1.4 Ein reines Herz, Herr, schaff in mir, schließ zu der Sünde Tor und Tür; vertreibe sie und lass nicht zu, dass sie in meinem Herzen ruh. Und mache dann mein Herz zugleich an Himmelsgut und Segen reich; gib Weisheit, Stärke, Rat, Verstand aus deiner milden Gnadenhand.
Heinrich Georg Neuß

Psalm 9,2	**Ich danke dem Herrn von ganzem Herzen und erzähle alle deine Wunder.**	24. Mo
Markus 7,37	**Die Menge sprach: Er hat alles wohl gemacht; die Tauben macht er hörend und die Sprachlosen redend.**	

272 Ich lobe meinen Gott von ganzem Herzen. Erzählen will ich von all seinen Wundern und singen seinem Namen. Ich lobe meinen Gott von ganzem Herzen. Ich freue mich und bin fröhlich, Herr, in dir. Halleluja!
Nach Psalm 9

Hesekiel 11,14–20 :: 2. Timotheus 4,1–8

Psalm 49,16	**Gott wird mich erlösen aus des Todes Gewalt; denn er nimmt mich auf.**	25. Di
1. Korinther 15,35–36	**Es könnte jemand fragen: Wie werden die Toten auferstehen und mit was für einem Leib werden sie kommen? Du Narr: Was du säst, wird nicht lebendig, wenn es nicht stirbt.**	

522,3 Ich bin ein Glied an deinem Leib, des tröst ich mich von Herzen; von dir ich ungeschieden bleib in Todesnot und Schmerzen; wenn ich gleich sterb, so sterb ich dir; ein ewig Leben hast du mir mit deinem Tod erworben.
Nikolaus Herman

Lukas 21,12–19 :: 2. Timotheus 4,9–22

1. Mose 18,3	**Herr, hab ich Gnade gefunden vor deinen Augen, so geh nicht an deinem Knecht vorüber.**	26. Mi
Markus 10,49	Die Menge rief den Blinden und sprach zu ihm: **Sei getrost, steh auf! Er ruft dich!**	

Du, den kein menschliches Auge sehen kann, du siehst uns. Du, den kein menschliches Ohr vernimmt, du hörst uns. Du bist uns nahe. Du liebst uns. Du umsorgst uns. Du trägst unsre Last. Du birgst uns in dir.
Lukas 12,8–12 :: Titus 1,1–16

---

27. Do **Als der Herr so mit mir redete, kam Leben in mich und stellte mich auf meine Füße, und ich hörte dem zu, der mit mir redete.** — Hesekiel 2,2

Jesus sprach zu Simon und Andreas: Folgt mir nach; ich will euch zu Menschenfischern machen! Sogleich verließen sie ihre Netze und folgten ihm nach. — Mark. 1,17–18

Ach nimm mich hin, du Langmut ohne Maße; ergreif mich wohl, dass ich dich nie verlasse. Herr, rede nur, ich geb begierig Acht; führ, wie du willst, ich bin in deiner Macht.   Gerhard Tersteegen — 392,8

Apostelgeschichte 1,12–26 :: Titus 2,1–10

---

28. Fr **Als Hiskia den Brief gelesen hatte, ging er hinauf zum Hause des Herrn und breitete ihn aus vor dem Herrn.** — 2. Kön. 19,14

Betet ohne Unterlass. — 1. Thess. 5,17

Unsrer Obrigkeit verleihe allzeit Weisheit, Kraft und Fleiß, dass sie recht ihr Amt betreue und befolge dein Geheiß. Krieg und Unruh wollst du stillen, allen guten Rat erfüllen. Krön und segne auch das Land, tu ihm wohl durch deine Hand.
                    Henriette Katharina von Gersdorf — Bg 851

Johannes 19,25–27 :: Titus 2,11–15

---

29. Sa **Herr, geh nicht ins Gericht mit deinem Knecht; denn vor dir ist kein Lebendiger gerecht.** — Psalm 143,2

Aus Gnade seid ihr selig geworden durch den Glauben, und das nicht aus euch: Gottes Gabe ist es. — Epheser 2,8

Weg, mein Herz, mit dem Gedanken, als ob du verstoßen wärst; Gottes Gnad ist ohne Schranken, wie du in — Bg 475,1

dem Worte hörst. Bist du bös und ungerecht, Gott ist fromm, treu und gerecht; hast du Zorn und Tod verdienet, zage nicht, Gott ist versühnet. Paul Gerhardt
Sacharja 4,1–14 :: Titus 3,1–15

Gebetstag für Weltevangelisation

PFINGSTFEST

Sacharja 4,6 Es soll nicht durch Heer oder Kraft, sondern durch meinen Geist geschehen, spricht der Herr Zebaot.
Wochenlied: 125 :: Wochenpsalm: 118,24–26a.27.29
Johannes 14,23–27 :: (Pr.) Apostelgeschichte 2,1–18
Epheser 1,3–14

Josua 23,3 **Der Herr, euer Gott, hat selber für euch gestritten.** 30.
Joh. 14,26 Christus spricht: **Der Tröster, der Heilige Geist, den** So
mein Vater senden wird in meinem Namen, der wird
euch alles lehren und euch an alles erinnern, was ich
euch gesagt habe.

Komm, Tröster, der die Herzen lenkt, du Beistand, den der Vater schenkt; aus dir strömt Leben, Licht und Glut, du gibst uns Schwachen Kraft und Mut. Dich sendet Gottes Allmacht aus im Feuer und in Sturmes Braus; du öffnest uns den stummen Mund und machst der Welt die Wahrheit kund. Friedrich Dörr

PFINGSTMONTAG
Matthäus 16,13–19 :: (Pr.) 1. Korinther 12,4–11
Psalm 150

Jesaja 50,2 **Ist bei mir keine Kraft mehr, zu erretten?** 31.
2. Kor. 1,9.10 **Wir setzen unser Vertrauen auf Gott, der uns aus To-** Mo
desnot errettet hat und erretten wird. Auf ihn hoffen
wir, er werde uns auch hinfort erretten.

Ein Brausen vom Himmel muss es nicht sein, Sturm über Völkern und Ländern; nur gib uns den Atem, ein kleines Stück unsere Welt zu verändern, ja, gib uns den Geist, deinen Lebensgeist, uns und die Welt zu ändern.

JUNI

Monatsspruch: Seid wachsam, steht fest im Glauben, seid mutig, seid stark! Alles, was ihr tut, geschehe in Liebe. — 1. Korinther 16,13–14

1. Di
Er wird mit Gerechtigkeit richten die Armen und rechtes Urteil sprechen den Elenden im Lande. — Jesaja 11,4

Jesus spricht: **Selig sind, die da hungert und dürstet nach der Gerechtigkeit; denn sie sollen satt werden.** — Matthäus 5,6

Ich glaube an Gottes Verheißung, die Macht der Sünde in uns zu zerstören und sein Reich der Gerechtigkeit und des Friedens für die ganze Menschheit zu errichten.
Aus Indonesien

Apostelgeschichte 4,23–31 :: 1. Korinther 12,1–11

2. Mi
Wenn sie aber zu euch sagen: Ihr müsst die Totengeister und Beschwörer befragen, so sprecht: Soll nicht ein Volk seinen Gott befragen? — Jesaja 8,19

Ich erinnere euch an das Evangelium, das ich euch verkündigt habe, das ihr auch angenommen habt, in dem ihr auch fest steht. — 1. Kor. 15,1

Such, wer da will, ein ander Ziel, die Seligkeit zu finden; mein Herz allein bedacht soll sein, auf Christus sich zu gründen. Sein Wort sind wahr, sein Werk sind klar, sein heilger Mund hat Kraft und Grund, all Feind zu überwinden. — 346,1
Georg Weissel

Apostelgeschichte 8,(9–11)12–25 :: 1. Korinther 12,12–26

3. Do
Wenn der Herr nicht das Haus baut, so arbeiten umsonst, die daran bauen. — Psalm 127,1

Ich befehle euch Gott und dem Wort seiner Gnade, der da mächtig ist, euch zu erbauen und euch das Erbe zu geben mit allen, die geheiligt sind. — Apg. 20,32

Du bist zwar in die Höh zum Vater aufgefahren; doch gibst du noch der Welt dein Wort mit großen Scharen und baust durch diesen Dienst die Kirche, deinen Leib, dass er im Glauben wachs' und fest ans Ende bleib.
Eberhard Ludwig Fischer

Apostelgeschichte 11,1–18 :: 1. Korinther 12,27–31a

---

4. Fr

Jes. 55,10.11 **Gleichwie der Regen und Schnee vom Himmel fällt und nicht wieder dahin zurückkehrt, sondern feuchtet die Erde und macht sie fruchtbar und lässt wachsen, dass sie gibt Samen zu säen und Brot zu essen, so soll das Wort, das aus meinem Munde geht, auch sein.**

Markus 4,20 Jesus sprach: **Diese sind's, bei denen auf gutes Land gesät ist: die hören das Wort und nehmen's an und bringen Frucht, einige dreißigfach und einige sechzigfach und einige hundertfach.**

170,2 Keiner kann allein Segen sich bewahren. Weil du reichlich gibst, müssen wir nicht sparen. Segen kann gedeihn, wo wir alles teilen, schlimmen Schaden heilen, lieben und verzeihn.
Dieter Trautwein

Apostelgeschichte 11,19–26 :: 1. Korinther 12,31b–13,7

---

5. Sa

Psalm 50,2–3 **Aus Zion bricht an der schöne Glanz Gottes. Unser Gott kommt und schweiget nicht.**

Joh. 1,15.16 **Johannes gibt Zeugnis von dem Licht und ruft: Von seiner Fülle haben wir alle genommen Gnade um Gnade.**

Du Glanz aus Gottes Herrlichkeiten, du bist das Licht und bist der Quell, vom Vater her vor allen Zeiten, du Tag, du machst den Tag uns hell. Brich an, du bist die wahre Sonne, leucht uns mit deinem Himmelsschein; des Heilgen Geistes Glanz und Wonne dring tief in unsre Herzen ein.
Fritz Enderlin

Apostelgeschichte 18,1–11 :: 1. Korinther 13,8–13

Juni

TRINITATIS (Dreieinigkeit)

Heilig, heilig, heilig ist der Herr Zebaot, alle Lande sind seiner Ehre voll! — Jesaja 6,3

Wochenlied: 126 oder 139 :: Wochenpsalm: 145,1.3–4.13a
Johannes 3,1–8(9–15) :: (Pr.) Römer 11,(32)33–36
Psalm 145

---

6. **Siehe, das ist mein Knecht – ich halte ihn – und mein Auserwählter, an dem meine Seele Wohlgefallen hat.** — Jesaja 42,1
So

Eine Stimme geschah aus der Wolke: Das ist mein lieber Sohn; den sollt ihr hören! — Markus 9,7

Du, Gott im Himmel oben, Unbegreiflicher, Ferner, Vater, wir beten dich an. Du, Gott auf der Erde unten, Begreiflicher, Naher, Jesus, wir lieben dich. Du, Gott in uns, Begriffener, Begeisternder, Geist, wir bezeugen dich.

Anton Rotzetter

---

7. **Rosse helfen nicht; da wäre man betrogen; und ihre große Stärke errettet nicht. Siehe, des Herrn Auge achtet auf alle, die ihn fürchten, die auf seine Güte hoffen.** — Ps. 33,17–18
Mo

Ergreift den Schild des Glaubens, mit dem ihr auslöschen könnt alle feurigen Pfeile des Bösen, und nehmt den Helm des Heils und das Schwert des Geistes, welches ist das Wort Gottes. — Eph. 6,16–17

Jesus ist kommen, der König der Ehren; Himmel und Erde, rühmt seine Gewalt! Dieser Beherrscher kann Herzen bekehren; öffnet ihm Tore und Türen fein bald! Denkt doch, er will euch die Krone gewähren. Jesus ist kommen, der König der Ehren. — 66,5

Johann Ludwig Konrad Allendorf

Jeremia 10,6–12 :: 1. Korinther 14,1–12

---

8. **Herr, unser Gott, es herrschen wohl andere Herren über uns als du, aber wir gedenken doch allein deiner und deines Namens.** — Jesaja 26,13
Di

Markus 10,42–43 **Jesus sprach: Ihr wisst, die als Herrscher gelten, halten ihre Völker nieder, und ihre Mächtigen tun ihnen Gewalt an. Aber so ist es unter euch nicht; sondern wer groß sein will unter euch, der soll euer Diener sein.**

Wehre allem Krieg und aller Gewalt; bewahre uns vor Kräften der Vernichtung, die in Menschenhänden sind. Lass alle Welt erkennen, dass wir aus deiner Barmherzigkeit leben.   Aus einer Liturgie der Brüdergemeine
Jesaja 43,8–13 :: 1. Korinther 14,13–25

Psalm 119,41 **Herr, lass mir deine Gnade widerfahren, deine Hilfe nach deinem Wort.** 9. Mi

Mark. 9,22–23 Der Vater des kranken Kindes bat Jesus: **Wenn du aber etwas kannst, so erbarme dich unser und hilf uns! Jesus aber sprach zu ihm: Du sagst: Wenn du kannst – alle Dinge sind möglich dem, der da glaubt.**

Bg 757,2–3 Ich trau auf dich, o Gott, mein Herr. Wenn ich dich hab, was will ich mehr? Ich hab ja dich, Herr Jesu Christ, du mein Gott und Erlöser bist. Des freu ich mich von Herzen fein, bin gutes Muts und harre dein, verlass mich gänzlich auf dein Wort. Hilf, Helfer, hilf, du treuer Hort!   Martin Moller nach Nikolaus Selnecker
Apostelgeschichte 17,(16)22–34 :: 1. Korinther 14,26–40

1. Mose 15,6 **Abram glaubte dem Herrn, und das rechnete er ihm zur Gerechtigkeit.** 10. Do

Galater 3,9 **So werden nun die, die aus dem Glauben sind, gesegnet mit dem gläubigen Abraham.**

Der Segen des Gottes von Abraham und Sarah, der Segen des Sohnes, von Maria geboren, der Segen des Heiligen Geistes, der über uns wacht wie eine Mutter über ihre Kinder, sei mit uns allen.   Aus Kanada
Epheser 4,1–7 :: 1. Korinther 15,1–11

Juni

11. **Ich sprach: Ich will dem Herrn meine Übertretungen** Psalm 32,5
Fr **bekennen. Da vergabst du mir die Schuld meiner**
Sünde.

Das ist gewisslich wahr und ein Wort, des Glaubens 1. Tim. 1,15
wert, dass Christus Jesus in die Welt gekommen ist,
die Sünder selig zu machen, unter denen ich der Ers-
te bin.

Dein Lieb und Treu vor allem geht, kein Ding auf Erd 473,2
so fest besteht; das muss ich frei bekennen. Drum soll
nicht Tod, nicht Angst, nicht Not von deiner Lieb mich
trennen.   Bei Johannes Eccard
Lukas 23,44–49 :: 1. Korinther 15,12–19

12. **Nun, Israel, was fordert der Herr, dein Gott, noch von** 5. Mose 10,12
Sa **dir, als dass du den Herrn, deinen Gott, fürchtest,**
dass du in allen seinen Wegen wandelst und ihn
liebst und dem Herrn, deinem Gott, dienst von gan-
zem Herzen und von ganzer Seele?

Wie mich mein Vater liebt, so liebe ich euch auch. Johannes 15,9
Bleibt in meiner Liebe!

So prüfet euch doch selbst, ob ihr im Glauben stehet,
ob Christus in euch ist, ob ihr ihm auch nachgehet in
Demut und Geduld, in Sanftmut, Freundlichkeit; in
Lieb dem Nächsten stets zu dienen seid bereit.
                                       Gotthelf August Francke
Johannes 14,7–14 :: 1. Korinther 15,20–28

1. Sonntag nach Trinitatis

Christus spricht zu seinen Jüngern: Wer euch hört, der Lukas 10,16
hört mich, und wer euch verachtet, der verachtet mich.
Wochenlied: 124
Wochenpsalm: 119,151.153–154.174–175
Lukas 16,19–31 :: (Pr.) 1. Johannes 4,16b–21 :: Psalm 133

13. **Weh denen, die sich verlassen auf Rosse und hoffen** Jesaja 31,1
So **auf Wagen, weil ihrer viele sind, und fragen nichts**
nach dem Herrn!

2. Kor. 5,18	**Gott hat uns mit sich selber versöhnt durch Christus und uns das Amt gegeben, das die Versöhnung predigt.**

Hab Dank für dieses Amt, wodurch man dich selbst höret, das uns den Weg zu Gott und die Versöhnung lehret, durchs Evangelium Gemeinde in der Welt berufet, sammelt, stärkt, lehrt, tröstet und erhält.

Eberhard Ludwig Fischer

14. Mo

Sprüche 29,7 **Der Gerechte weiß um die Sache der Armen.**

2. Kor. 8,13 **Nicht, dass die andern gute Tage haben sollen und ihr Not leidet, sondern dass es zu einem Ausgleich komme.**

Kommt, wir teilen die Gaben unsres Herrn, denn wer glaubt, dass Gott ihn liebt, wird nicht ärmer, wenn er gibt. Erbarm dich, Herr, über uns! Friedrich Walz

Lukas 10,1–9(10–15)16 :: 1. Korinther 15,29–34

15. Di

Hesekiel 18,4 **Siehe, alle Menschen gehören mir.**

Galater 2,20 Paulus schreibt: **Ich lebe, doch nun nicht ich, sondern Christus lebt in mir.**

Man soll sich nicht ängstlich fragen: »Was wird und kann noch kommen?«, sondern sagen: »Ich bin gespannt, was Gott noch mit mir vorhat.« Selma Lagerlöf

Jeremia 36,1–6(7–9)10.21–24.27–31
1. Korinther 15,35–49

16. Mi

5. Mose 28,12 **Der Herr wird dir seinen guten Schatz auftun, den Himmel, dass er deinem Land Regen gebe zur rechten Zeit und dass er segne alle Werke deiner Hände.**

1. Kor. 3,7 **Es ist weder der pflanzt noch der begießt etwas, sondern Gott, der das Gedeihen gibt.**

In ihm sei's begonnen, der Monde und Sonnen an blauen Gezelten des Himmels bewegt, du, Vater, du rate! Lenke du und wende! Herr, dir in die Hände sei Anfang und Ende, sei alles gelegt! Eduard Mörike

1. Thessalonicher 2,1–8(9–12) :: 1. Korinther 15,50–58

Juni

17. Muss ich nicht das halten und reden, was mir der Herr in den Mund gibt? — 4. Mose 23,12
Do

Dass ich das Evangelium predige, dessen darf ich mich nicht rühmen; denn ich muss es tun. Und wehe mir, wenn ich das Evangelium nicht predigte! — 1. Kor. 9,16

Keinem Schicksal sind wir stumm und verlassen preisgegeben. Denn das Evangelium hilft uns ohne Angst zu leben, deiner Führung zu vertrauen und auf deinen Bund zu bauen.   Detlev Block
Johannes 21,15–19 :: 1. Korinther 16,1–12

17. Juni 1722: Aufbau von Herrnhut wird begonnen

18. Wenn du nun isst und satt wirst, so hüte dich, dass du nicht den Herrn vergisst. — 5. Mo. 6,11–12
Fr

Unser tägliches Brot gib uns heute. — Matthäus 6,11

Vater aller Gaben, alles, was wir haben, alle Frucht im weiten Land ist Geschöpf in deiner Hand. Hilf, dass nicht der Mund verzehrt, ohne dass das Herz dich ehrt, was uns deine Hand beschert. — Bg 926,2
    Otto Riethmüller nach Michael Weiße
Lukas 22,24–30 :: 1. Korinther 16,13–24

19. Ich will euch von all eurer Unreinheit erlösen. — Hes. 36,29
Sa

Was aus dem Mund herauskommt, das kommt aus dem Herzen, und das macht den Menschen unrein. — Matt. 15,18

Lass unsre Liebe ohne Wanken, die Treue lass beständig sein. Halt uns in Worten und Gedanken von Zorn, Betrug und Lüge rein. Lass uns doch füreinander stehn, gib Augen, andrer Last zu sehn.   Walter Heinecke — 240,2
Philipper 1,12–18a :: 1. Könige 12,1–19

2. Sonntag nach Trinitatis

Christus spricht: Kommt her zu mir alle, die ihr mühselig und beladen seid; ich will euch erquicken. — Matt. 11,28
Wochenlied: 250 oder 363 :: Wochenpsalm: 36,6–7a.8–10
Lukas 14,(15)16–24 :: (Pr.) Epheser 2,17–22 :: Psalm 36

Juni

Psalm 37,4 **Habe deine Lust am Herrn; der wird dir geben, was dein Herz wünscht.** 20. So

Markus 11,24 **Alles, was ihr bittet in eurem Gebet, glaubt nur, dass ihr's empfangt, so wird's euch zuteil werden.**

Herr Jesus Christus, manchmal habe ich schon gedacht, du hörst mich nicht mit meinen Bitten. Aber wenn ich zurück schaue auf mein Leben, dann kann ich nur dankbar feststellen: Du hast mir immer das gegeben, was ich brauchte. Und ich möchte glauben, dass du mir auch weiterhin ganz nahe bist.

---

1. Könige 8,66 **Sie gingen heim fröhlich und guten Mutes über all das Gute, das der Herr an David, seinem Knecht, und an seinem Volk Israel getan hatte.** 21. Mo

Lukas 1,69 **Gott hat uns aufgerichtet eine Macht des Heils im Hause seines Dieners David.**

Bg 519,4 Barmherzig, gnädig, geduldig sein, uns täglich reichlich die Schuld verzeihn, heilen, stilln und trösten, erfreun und segnen und unsrer Seele als Freund begegnen ist deine Lust. Christian Gregor

Sprüche 9,1–10 :: 1. Könige 12,20–32

Psalm 63,4 **Deine Güte ist besser als Leben.** 22. Di

1. Kor. 15,43 **Es wird gesät in Niedrigkeit und wird auferstehen in Herrlichkeit. Es wird gesät in Armseligkeit und wird auferstehen in Kraft.**

Bg 978,5 Wie wohl ist mir, wenn mein Gemüte hinauf zu dieser Quelle steigt, von welcher sich ein Strom der Güte zu mir durch alle Zeiten neigt, dass jeder Tag sein Zeugnis gibt: Gott hat mich je und je geliebt.

Johann Gottfried Herrmann

2. Mose 2,11–15(16–22)23–25 :: 1. Könige 12,33–13,10

Psalm 67,8 **Es segne uns Gott, und alle Welt fürchte ihn!** 23. Mi

1. Petrus 5,5 **Haltet fest an der Demut; denn Gott widersteht den Hochmütigen, aber den Demütigen gibt er Gnade.**

494,3 Wer erst nach Gottes Reiche tracht' und bleibt auf seinen Wegen, der wird von ihm gar reich gemacht durch

seinen milden Segen. Da wird der Fromme froh und satt, dass er von seiner Arbeit hat auch Armen Brot zu geben. Salomo Liscow
1. Samuel 1,1–11 :: 1. Könige 13,11–34

JOHANNISTAG

Dies ist das Zeugnis Johannes des Täufers: Er muss wachsen, ich aber muss abnehmen. Johannes 3,30
*Lied: 141 :: Psalm: 92,2–3.5.9
Lukas 1,57–67(68–75)76–80
(Pr.) Apostelgeschichte 19,1–7 :: 1. Könige 14,1–20*

---

24. Do

Wie soll ich dem Herrn vergelten all seine Wohltat, die er an mir tut? Psalm 116,12

Der geheilte Besessene ging hin und fing an, in den Zehn Städten auszurufen, welch große Wohltat ihm Jesus getan hatte. Markus 5,20

O dass ich tausend Zungen hätte und einen tausendfachen Mund, so stimmt ich damit um die Wette vom allertiefsten Herzensgrund ein Loblied nach dem andern an von dem, was Gott an mir getan. 330,1
Johann Mentzer

---

25. Fr

Er macht's, wie er will, mit den Mächten im Himmel und mit denen, die auf Erden wohnen. Und niemand kann seiner Hand wehren noch zu ihm sagen: Was machst du? Daniel 4,32

Die Jünger fürchteten sich sehr und sprachen untereinander: Wer ist der? Auch Wind und Meer sind ihm gehorsam! Markus 4,41

Aller Weisheit höchste Fülle in dir ja verborgen liegt. Gib nur, dass sich auch mein Wille fein in solche Schranken fügt, worinnen die Demut und Einfalt regieret und mich zu der Weisheit, die himmlisch ist, führet. Ach wenn ich nur Jesus recht kenne und weiß, so hab ich der Wahrheit vollkommenen Preis. 386,5
Johann Heinrich Schröder
Lukas 23,39–43 :: 1. Könige 16,29–17,6

Sach. 12,10	**Sie werden mich ansehen, den sie durchbohrt haben.**	26.
Joh. 19,5	**Jesus kam heraus und trug die Dornenkrone und das Purpurgewand. Und Pilatus spricht zu ihnen: Seht, welch ein Mensch!**	Sa

Und ich hebe die Faust: »Seht, auch dieser ein Mensch nur, keine Rettung vom Himmel! Kann ein Mensch uns befrein?« Und ich schrei mit dem Volk, ich bin blind mit den Blinden, nicht erkenn ich die Zeichen in dem Menschengesicht. Kurt Rose

Jeremia 31,(7)8–14 :: 1. Könige 17,7–16

3. Sonntag nach Trinitatis

Lukas 19,10 Der Menschensohn ist gekommen, zu suchen und selig zu machen, was verloren ist.
Wochenlied: 232 oder 353 :: Wochenpsalm: 103,8.10–12
Lukas 15,1–3.11b–32 :: (Pr.) 1. Timotheus 1,12–17
Psalm 106,1–23

Psalm 16,2	**Du bist ja der Herr! Ich weiß von keinem Gut außer dir.**	27.
Markus 8,29	**Petrus sprach zu Jesus: Du bist der Christus!**	So
123,3	Gott ist Herr, der Herr ist einer, und demselben gleichet keiner, nur der Sohn, der ist ihm gleich; dessen Stuhl ist unumstößlich, dessen Leben unauflöslich, dessen Reich ein ewig Reich. Philipp Friedrich Hiller	

Psalm 46,5–6	**Dennoch soll die Stadt Gottes fein lustig bleiben mit ihren Brünnlein, da die heiligen Wohnungen des Höchsten sind. Gott ist bei ihr drinnen, darum wird sie fest bleiben.**	28. Mo
Johannes 14,2	Christus spricht: **In meines Vaters Hause sind viele Wohnungen. Wenn's nicht so wäre, hätte ich dann zu euch gesagt: Ich gehe hin, euch die Stätte zu bereiten?**	
256,4	Sieh auf deine Millionen, die noch im Todesschatten wohnen, von deinem Himmelreiche fern. Seit Jahrtausenden ist ihnen kein Evangelium erschienen, kein	

gnadenreicher Morgenstern. Glanz der Gerechtigkeit, geh auf, denn es ist Zeit! Komm, Herr Jesu, zieh uns voran und mach uns Bahn, gib deine Türen aufgetan.
Albert Knapp

Lukas 5,27–32 :: 1. Könige 17,17–24

29. Di

Lobet den Herrn, alle Heiden! Preiset ihn, alle Völker! — Psalm 117,1

Es wird gepredigt werden dies Evangelium vom Reich in der ganzen Welt zum Zeugnis für alle Völker, und dann wird das Ende kommen. — Matt. 24,14

Ach höre unser Flehen und lass, o Herr, geschehen, was unser Herz begehrt, dass auf der ganzen Erde dein Reich gebauet werde; wer's glauben kann, dem wird's gewährt. — Bg 432,5
Elberfeld 1827

2. Mose 32,30–33,1 :: 1. Könige 18,1–24

30. Mi

Man singt mit Freuden vom Sieg in den Hütten der Gerechten: Die Rechte des Herrn ist erhöht; die Rechte des Herrn behält den Sieg! — Ps. 118,15.16

Gott aber sei gedankt, der uns allezeit Sieg gibt in Christus und offenbart den Wohlgeruch seiner Erkenntnis durch uns an allen Orten! — 2. Kor. 2,14

Nicht der Tod ist unser Erlöser, weil er ein Ende macht. Unser Erlöser bist du, der du den Anfang gibst. Von dir, Christus, empfangen wir Leben, wo der Tod regiert, um hier, wo alles zu Ende geht, aus der Fülle des Lebens zu wirken. Durch uns soll Leben sein, wo Tod ist, denn wir sind dein.

Johannes 5,1–16 :: 1. Könige 18,25–46

JULI

Markus 3,35 — *Monatsspruch:* Jesus Christus spricht: wer Gottes Willen tut, der ist mein Bruder und meine Schwester und meine Mutter.

---

1. Do

2. Kön. 6,16 — Elisa sprach zu dem Diener: **Fürchte dich nicht, denn derer sind mehr, die bei uns sind, als derer, die bei ihnen sind!**

1. Petrus 1,5 — **Ihr werdet aus Gottes Macht durch den Glauben bewahrt zur Seligkeit.**

Gewiss ist, dass wir immer in der Nähe und unter der Gegenwart Gottes leben dürfen und dass dieses Leben für uns ein ganz neues Leben ist; dass es für uns nichts Unmögliches mehr gibt, weil es für Gott nichts Unmögliches gibt; dass keine irdische Macht uns anrühren kann ohne Gottes Willen. — Dietrich Bonhoeffer

Matthäus 18,15–20 :: 1. Könige 19,1–18

---

2. Fr

Psalm 91,9 — **Der Herr ist deine Zuversicht.**

2. Kor. 3,11–12 — **Wenn das Herrlichkeit hatte, was aufhört, wie viel mehr wird das Herrlichkeit haben, was bleibt. Weil wir nun solche Hoffnung haben, sind wir voll großer Zuversicht.**

526,1 — Jesus, meine Zuversicht und mein Heiland, ist im Leben. Dieses weiß ich; sollt ich nicht darum mich zufrieden geben, was die lange Todesnacht mir auch für Gedanken macht? — Otto von Schwerin

Matthäus 27,3–10 :: 1. Könige 19,19–21

---

3. Sa

Psalm 147,14 — **Der Herr schafft deinen Grenzen Frieden.**

Epheser 5,1–2 — **So folgt nun Gottes Beispiel als die geliebten Kinder und lebt in der Liebe.**

Im Frieden, den du gibst, wolln wir den Glauben leben, in unsrer Alltagswelt das Friedenstiften wagen. Wir bitten um Geduld, um Fantasie und Mut: Dein Friede ist das Maß, nach dem man leben kann.   Johannes Kuhn
Römer 8,1–6 :: 1. Könige 21,1–16

4. Sonntag nach Trinitatis

Einer trage des andern Last, so werdet ihr das Gesetz Christi erfüllen.   Galater 6,2
Wochenlied: 428 oder 495
Wochenpsalm: 22,23–24a.25–27a
Lukas 6,36–42 :: (Pr.) Römer 14,10–13
Psalm 106,24–48

4. **Ich, der Herr, wandle mich nicht.**   Maleachi 3,6
So **Einen andern Grund kann niemand legen als den, der gelegt ist, welcher ist Jesus Christus.**   1. Kor. 3,11

Christus, unser Haupt und König, welchem alles untertänig und dem kein Geschöpf zu wenig, herrscht im Himmel und auf Erd. Treuer Heiland, zieh mich höher, deinem Herzen immer näher; denn das meine kommt nicht eher zu des Vaters Herzen hin.   Bg 204,1.4
Christian Gregor/N.L. von Zinzendorf

5. **Schaff uns Beistand in der Not; denn Menschenhilfe**   Psalm 60,13
Mo **ist nichts nütze.**

Jesus stand auf und bedrohte den Wind und sprach zu dem Meer: Schweig und verstumme! Und der Wind legte sich und es entstand eine große Stille.   Markus 4,39

Du bist der Beistand in all unsern Nöten, unser Heiland, der uns kann erretten, Leben, Sieg und Freude geben.   Johann Jelecky   Bg 276,5
Lukas 5,17–26 :: 1. Könige 21,17–29

6. **Wer ist der Mann, der den Herrn fürchtet? Ihm zeigt**   Psalm 25,12
Di **er den Weg, den er erwählen soll.**

Mark. 3,14-15	**Jesus setzte zwölf ein, die er auch Apostel nannte, dass sie bei ihm sein sollten und dass er sie aussendete zu predigen und dass sie Vollmacht hätten, die bösen Geister auszutreiben.**
Bg 384,3	Nun, unser König, da hast du Herz und Sinn; wir können wenig, doch bringe uns dahin, dass man in unserm ganzen Wesen möge dein heiliges Bildnis lesen.

Erdmuth Dorothea von Zinzendorf

Nehemia 9,1–3.29–36 :: 1. Könige 22,1–23

6. Juli 1415: Jan Hus stirbt den Märtyrertod auf dem Konzil zu Konstanz

Psalm 36,10	**Bei dir ist die Quelle des Lebens, und in deinem Lichte sehen wir das Licht.**	7. Mi
Joh. 5,7-8	**Der Kranke sprach: Herr, ich habe keinen Menschen, der mich in den Teich bringt, wenn das Wasser sich bewegt; wenn ich aber hinkomme, so steigt ein anderer vor mir hinein. Jesus spricht zu ihm: Steh auf, nimm dein Bett und geh hin!**	
324,1-2	Ich singe dir mit Herz und Mund, Herr, meines Herzens Lust; ich sing und mach auf Erden kund, was mir von dir bewusst. Ich weiß, dass du der Brunn der Gnad und ewge Quelle bist, daraus uns allen früh und spat viel Heil und Gutes fließt. Paul Gerhardt	

Markus 11,(20.21)22–26 :: 1. Könige 22,24–40

1. Könige 8,60	**Alle Völker auf Erden sollen erkennen, dass der Herr Gott ist und sonst keiner mehr!**	8. Do
1. Tim. 6,16	**Der Herr aller Herren hat allein Unsterblichkeit, der da wohnt in einem Licht, zu dem niemand kommen kann, den kein Mensch gesehen hat noch sehen kann. Dem sei Ehre und ewige Macht!**	
	Gott, Ursprung des Lebens, Grund allen Seins, unsere Hoffnung. Dich loben wir. Jesus Christus, Gottes Sohn,	

aus dem Tod Erstandener, unser Leben. Dir danken wir. Geist des Lebens, heilender Atem Gottes, unsere Kraft zur Versöhnung. Dich beten wir an.

1. Korinther 12,19–26 :: Micha 1,1–9

9. Die im Elend ohne Obdach sind, führe ins Haus! Jesaja 58,7
Fr Seid gastfrei untereinander ohne Murren. 1. Petrus 4,9

Gäste sind wir alle auf dieser Erde für einige Jahre. Du, Herr, kennst uns alle. Du segnest unsere Zeit. Du versorgst uns mit dem, was wir brauchen. Wir wissen: nicht alle haben, was zum Leben nötig ist. Wir wollen allen Teil geben an der Fülle, die du schenkst. Dazu schenke uns auch die nötige Freude.

Lukas 23,17–26 :: Micha 2,1–13

10. Wendet euch zu mir, so werdet ihr gerettet, aller Welt Jesaja 45,22
Sa Enden; denn ich bin Gott und sonst keiner mehr.

Wenn ihr nicht umkehrt und werdet wie die Kinder, Matthäus 18,3
so werdet ihr nicht ins Himmelreich kommen.

Gott, lass dein Heil uns schauen, auf nichts Vergänglichs trauen, nicht Eitelkeit uns freun; lass uns einfältig werden und vor dir hier auf Erden wie Kinder fromm und fröhlich sein.   Matthias Claudius   482,5

2. Korinther 13,10–13 :: Micha 3,1–12

5. Sonntag nach Trinitatis

Aus Gnade seid ihr selig geworden durch Glauben, und Epheser 2,8
das nicht aus euch: Gottes Gabe ist es.

Wochenlied: 245 oder 241 :: Wochenpsalm: 73,23–26.28
Lukas 5,1–11 :: (Pr.) 1. Korinther 1,18–25 :: Psalm 73

11. Gott schuf den Menschen zu seinem Bilde, zum Bilde 1. Mose 1,27
So Gottes schuf er ihn.

Zieht den neuen Menschen an, der nach Gott ge- Epheser 4,24
schaffen ist in wahrer Gerechtigkeit und Heiligkeit.

Der immer schon uns nahe war, stellt sich als Mensch   56,1.3
den Menschen dar. Er sieht dein Leben unverhüllt,
zeigt dir zugleich dein neues Bild.   Dieter Trautwein

Nehemia 8,10	**Seid nicht bekümmert; denn die Freude am Herrn ist eure Stärke.**	12. Mo
Matt. 13,44	Jesus sprach: **Das Himmelreich gleicht einem Schatz, verborgen im Acker, den ein Mensch fand und verbarg; und in seiner Freude ging er hin und verkaufte alles, was er hatte, und kaufte den Acker.**	
210,3	Gib meinem Leben große Freude und Kraft, für andere dazusein. Ich will dir folgen, will bei dir bleiben und will dir treu sein; gib du mir Kraft. Otmar Schulz	

Lukas 6,12–19 :: Micha 4,1–10

Daniel 2,22	**Er offenbart, was tief und verborgen ist.**	13. Di
Markus 16,14	**Als die Elf zu Tisch saßen, offenbarte Jesus sich ihnen und schalt ihren Unglauben und ihres Herzens Härte, dass sie nicht geglaubt hatten denen, die ihn gesehen hatten als Auferstandenen.**	
277,5	Dein Wort der Wahrheit ist unsre Bewahrung; aus deinem Leben leben wir auch; und wir erkennen erst in deinem Licht das Licht. Herr, deine Güte reicht, so weit der Himmel ist, und deine Wahrheit, so weit die Wolken gehen. Gerhard Valentin	

1. Mose 35,1–5a.9–15 :: Micha 4,11–5,4a

Hesekiel 36,36	**Die Heiden, die um euch her übrig geblieben sind, sollen erfahren, dass ich der Herr bin, der da baut, was niedergerissen ist, und pflanzt, was verheert war.**	14. Mi
1. Kor. 3,9	Paulus schreibt: **Wir sind Gottes Mitarbeiter; ihr seid Gottes Ackerfeld und Gottes Bau.**	
196,6	Gott Vater, lass zu deiner Ehr dein Wort sich weit ausbreiten. Hilf, Jesu, dass uns deine Lehr erleuchten mög und leiten. O Heilger Geist, dein göttlich Wort lass in uns wirken fort und fort Glaub, Lieb, Geduld und Hoffnung. David Denicke	

Hesekiel 2,3–8a :: Micha 6,1–8

Juli

15. **Ein Geduldiger ist besser als ein Starker und wer sich**   Sprüche 16,32
Do **selbst beherrscht, besser als einer, der Städte gewinnt.**

Wisst, dass euer Glaube, wenn er bewährt ist, Geduld   Jakobus 1,3
wirkt.

Wenn es nicht auf einen großen Glauben ankommt, sondern auf den Glauben an die Größe Gottes, kann es für die Gläubigen eigentlich auch nicht darum gehen, dass ihr Glaube stärker wird, sondern nur darum, dass sie zunehmend die Stärke ihres Gottes erkennen – und gerade darin liegt die Kraft des Glaubens.

Hans-Joachim Eckstein

Apostelgeschichte 15,4–12 :: Markus 2,18–22

---

16. **Bewahre mich, Gott; denn ich traue auf dich.**   Psalm 16,1
So **Der Herr ist treu; der wird euch stärken und bewahren vor dem Bösen.**   2. Thess. 3,3

Du meinst, Gott sei sehr verborgen, seine Macht sei   287,2
klein und gering? Gott sähe nicht das, was dich bedrückt? Sieh auf dein Leben, er hat dich bewahrt!

Paulus Stein

Lukas 22,31–34 :: Markus 2,23–28

---

17. **Sollte dem Herrn etwas unmöglich sein?**   1. Mose 18,14
Sa **Ich vermag alles durch den, der mich mächtig macht.**   Philipper 4,13

Was vorher unmöglich scheinet, was man nicht erzwingen kann, das wird leichter, als man meinet, zieht man nur erst Jesus an.   Ernst Gottlieb Woltersdorf   Bg 588,7

Philipper 3,12–16 :: Markus 3,1–6

---

6. Sonntag nach Trinitatis

Fürchte dich nicht, denn ich habe dich erlöst; ich habe   Jesaja 43,1
dich bei deinem Namen gerufen; du bist mein!

Wochenlied: 200 :: Wochenpsalm: 67,3.5–6.8
Matthäus 28,16–20 :: (Pr.) Römer 6,3–8(9–11)
Psalm 119,113–120

Sprüche 30,8	**Armut und Reichtum gib mir nicht; lass mich aber mein Teil Speise dahinnehmen, das du mir beschieden hast.**	18. So
Joh. 6,35	**Jesus sprach zum Volk: Ich bin das Brot des Lebens. Wer zu mir kommt, den wird nicht hungern; und wer an mich glaubt, den wird nimmermehr dürsten.**	

So müssen wir nicht erst glauben, damit Gott an uns wirken kann, sondern wir können deshalb glauben, weil Gott bereits an uns wirkt.   Hans-Joachim Eckstein

5. Mose 10,21	**Er ist dein Ruhm und dein Gott.**	19. Mo
1. Kor. 3,21	**Darum rühme sich niemand eines Menschen.**	
276,1	Ich will, solang ich lebe, rühmen den Herren mein, im Herzen stets mir schwebe das Lob der Ehren sein; mein Mund soll allezeit des Herren Ruhm verkünden, dass Elende empfinden in Trübsal Trost und Freud.	

Cornelius Becker

2. Mose 14,15–22 :: Markus 3,7–12

Hiob 9,10	**Gott tut große Dinge, die nicht zu erforschen, und Wunder, die nicht zu zählen sind.**	20. Di
Matt. 15,30	**Es kam eine große Menge zu Jesus; die hatten bei sich Gelähmte, Verkrüppelte, Blinde, Stumme und viele andere Kranke und legten sie Jesus vor die Füße, und er heilte sie.**	
Bg 930,3.2	Du reicher Schöpfer aller Ding erquickst uns stets aufs Neue. Wir aber sind viel zu gering der großen Güt und Treue. So tust du Wunder immerzu, mag's oft auch anders scheinen. Hilf uns auch nun! Die Kraft hast du, du starker Herr der Deinen! Arno Pötzsch	

Apostelgeschichte 2,32–40 :: Markus 3,13–19

Psalm 18,50	**Ich will dich preisen unter den Völkern, o Herr, und deinem Namen lobsingen.**	21. Mi

Als Paulus die Erscheinung gesehen hatte, da suchten wir sogleich nach Mazedonien zu reisen, gewiss, dass uns Gott dahin berufen hatte, ihnen das Evangelium zu predigen. Apg. 16,10

O dass doch bald dein Feuer brennte, du unaussprechlich Liebender, und bald die ganze Welt erkennte, dass du bist König, Gott und Herr! Erwecke, läutre und vereine des ganzen Christenvolkes Schar und mach in deinem Gnadenscheine dein Heil noch jedem offenbar. 255,1.5
Georg Friedrich Fickert

Apostelgeschichte 16,23–34 :: Markus 3,20–30

---

22. **Lasst uns doch den Herrn, unsern Gott, fürchten, der** Jeremia 5,24
Do **uns Frühregen und Spätregen gibt zur rechten Zeit und uns die Ernte treulich und jährlich gewährt.**

Gott hat viel Gutes getan und euch vom Himmel Regen und fruchtbare Zeiten gegeben, hat euch ernährt und eure Herzen mit Freude erfüllt. Apg. 14,17

Er gibet Speise reichlich und überall, nach Vaters Weise sättigt er allzumal; er schaffet frühn und späten Regen, füllet uns alle mit seinem Segen. 502,4
Matthäus Apelles von Löwenstern

Matthäus 18,1–6 :: Markus 3,31–35

---

23. **Der Herr ist hoch und sieht auf den Niedrigen und** Psalm 138,6
Fr **kennt den Stolzen von ferne.**

Das Geringe vor der Welt und das Verachtete hat Gott erwählt, das, was nichts ist, damit er zunichte mache, was etwas ist. 1. Kor. 1,28

Seh ich dein Kreuz den Klugen dieser Erden ein Ärgernis und eine Torheit werden: so sei's doch mir, trotz allen frechen Spottes, die Weisheit Gottes. Es schlägt den Stolz und mein Verdienst darnieder, es stürzt mich tief, und es erhebt mich wieder, lehrt mich mein Glück, macht mich aus Gottes Feinde zu Gottes Freunde. 91,5-6
Christian Fürchtegott Gellert

Johannes 19,31–37 :: Markus 4,1–9

		Juli
Psalm 106,6	**Wir haben gesündigt samt unsern Vätern, wir haben unrecht getan und sind gottlos gewesen.**	24. Sa
Markus 2,17	Jesus spricht: **Ich bin gekommen, die Sünder zu rufen und nicht die Gerechten.**	
353,1	Jesus nimmt die Sünder an. Saget doch dies Trostwort allen, welche von der rechten Bahn auf verkehrten Weg verfallen. Hier ist, was sie retten kann: Jesus nimmt die Sünder an. Erdmann Neumeister	

Offenbarung 3,1–6 :: Markus 4,10–12

7. Sonntag nach Trinitatis

Epheser 2,19 So seid ihr nun nicht mehr Gäste und Fremdlinge, sondern Mitbürger der Heiligen und Gottes Hausgenossen.
Wochenlied: 221 oder 326 :: Wochenpsalm: 107,5–6.8–9
Johannes 6,1–15 :: (Pr.) Apostelgeschichte 2,41a.42–47
Psalm 119,121–128

Psalm 51,17	**Herr, tu meine Lippen auf, dass mein Mund deinen Ruhm verkündige.**	25. So
Apg. 4,20	Petrus und Johannes sprachen: **Wir können's nicht lassen, von dem zu reden, was wir gesehen und gehört haben.**	
	Ich will nun reden vor dem Volk von dir, dass sich zu dir, Herr, alle Sünder wenden. So öffne mir den Mund, du darfst mich senden, von deinem Ruhm zu singen für und für! Dem Menschen, der vor dir sich dankbar zeigt, mit Ehrfurcht dir begegnet und dich ehret, dem bist du treu und freundlich zugeneigt, und deine Gnade wird ihm nicht verwehrt. Fritz Baarlink	
Jeremia 16,19	**Herr, du bist meine Stärke und Kraft und meine Zuflucht in der Not!**	26. Mo
Mark. 5,22–24	**Als Jaïrus Jesus sah, fiel er ihm zu Füßen und bat ihn sehr und sprach: Meine Tochter liegt in den letzten Zügen; komm doch und lege deine Hände auf sie, damit sie gesund werde und lebe. Und er ging hin mit ihm.**	

Ich rief zum Herrn in meiner Not: »Ach Gott, vernimm mein Schreien!« Da half mein Helfer mir vom Tod und ließ mir Trost gedeihen. Drum dank, ach Gott, drum dank ich dir; ach danket, danket Gott mit mir! Gebt unserm Gott die Ehre!   Johann Jakob Schütz   326,4

    2. Chronik 30,13–22 :: Markus 4,13–20

27. Di

Du sollst nicht ehebrechen.   2. Mose 20,14

Jesus aber richtete sich auf und fragte die Ehebrecherin: Hat dich niemand verdammt? Sie antwortete: Niemand, Herr. Und Jesus sprach: So verdamme ich dich auch nicht; geh hin und sündige hinfort nicht mehr.   Joh. 8,10–11

Herr Jesus Christus, du weist uns darauf hin, dass Frau und Mann füreinander geschaffen sind. Segne alle Paare und unterstütze sie in ihrer Verantwortung füreinander. Erwecke in ihnen immer wieder neu Lust und Treue.

    Matthäus 22,1–14 :: Markus 4,21–25

28. Mi

Ich hatte von dir nur vom Hörensagen vernommen; aber nun hat mein Auge dich gesehen. Darum spreche ich mich schuldig und tue Buße in Staub und Asche.   Hiob 42,5.6

Zuletzt von allen ist Christus auch von mir gesehen worden.   1. Kor. 15,8

Ich lag in tiefster Todesnacht, du warest meine Sonne, die Sonne, die mir zugebracht Licht, Leben, Freud und Wonne. O Sonne, die das werte Licht des Glaubens in mir zugericht', wie schön sind deine Strahlen!   37,3

                                                      Paul Gerhardt

    Sacharja 8,9–17 :: Markus 4,26–29

29. Do

Entheiliget nicht meinen heiligen Namen.   3. Mose 22,32

Gott hat Christus Jesus erhöht und hat ihm den Namen gegeben, der über alle Namen ist, dass in dem Namen Jesu sich beugen sollen aller derer Knie, die im Himmel und auf Erden und unter der Erde sind.   Phil. 2,9–10

356,1 Es ist in keinem andern Heil, kein Name sonst gegeben, in dem uns Gnade wird zuteil und Fried und ewges Leben, als nur der Name Jesus Christ, der selig macht und Retter ist: Ihm sei Lob, Preis und Ehre!

Johann Anastasius Freylinghausen

1. Korinther 10,16–17 :: Markus 4,30–34

Sprüche 11,24 **Einer teilt reichlich aus und hat immer mehr; ein andrer kargt, wo er nicht soll, und wird doch ärmer.**

30. Fr

1. Tim. 6,17 **Den Reichen in dieser Welt gebiete, dass sie nicht stolz seien, auch nicht hoffen auf den unsicheren Reichtum, sondern auf Gott, der uns alles reichlich darbietet, es zu genießen.**

Mit leidenden Brüdern und Schwestern sind wir unterwegs zu dir. Als Zeuginnen und Zeugen deiner Liebe sind wir unterwegs zu dir. Wenn wir das Brot teilen, sind wir unterwegs zu dir. Wenn wir die Schwachen stützen, sind wir unterwegs zu dir. Wenn wir Gottesdienst feiern, bist du unterwegs zu uns.

Aus Lateinamerika

Lukas 22,14–20 :: Markus 4,35–41

Psalm 103,12 **So fern der Morgen ist vom Abend, lässt er unsre Übertretungen von uns sein.**

31. Sa

Eph. 2,4–5 **Gott, der reich ist an Barmherzigkeit, hat in seiner großen Liebe, mit der er uns geliebt hat, auch uns, die wir tot waren in den Sünden, mit Christus lebendig gemacht.**

Ich glaube an Jesus von Nazareth, den Lebendigen. Für ihn und damit auch für uns hat der Tod nicht das letzte Wort behalten. Jesus von Nazareth heißt mich hoffen, dass Menschen miteinander leben können, ohne sich gegenseitig auszustechen, sich voneinander abhängig und klein zu machen.

Offenbarung 19,4–9 :: Markus 5,1–20

AUGUST

Monatsspruch: Ich glaube; hilf meinem Unglauben! — Markus 9,24

8. Sonntag nach Trinitatis
Lebt als Kinder des Lichts; die Frucht des Lichts ist lauter Güte und Gerechtigkeit und Wahrheit. — Eph. 5,8b.9
Wochenlied: 318 :: Wochenpsalm: 48,2–3a.9.11a.15
Matthäus 5,13–16 :: (Pr.) Epheser 5,8b–14
Psalm 119,129–136

1. So **Der Herr zog vor ihnen her, am Tage in einer Wolkensäule, um sie den rechten Weg zu führen, und bei Nacht in einer Feuersäule, um ihnen zu leuchten.** — 2. Mose 13,21

Sind wir untreu, so bleibt er doch treu; denn er kann sich selbst nicht verleugnen. — 2. Tim. 2,13

Lass mich dein sein und bleiben, du treuer Gott und Herr, von dir lass mich nichts treiben, halt mich bei deiner Lehr. Herr, lass mich nur nicht wanken, gib mir Beständigkeit; dafür will ich dir danken in alle Ewigkeit. — Nikolaus Selnecker — 157

2. Mo **Ihr sollt heilig sein, denn ich bin heilig, der Herr, euer Gott.** — 3. Mose 19,2

Gebt eure Glieder hin an den Dienst der Gerechtigkeit, dass sie heilig werden. — Römer 6,19

So stellt euch Gott mit eurem ganzen Leben so zur Verfügung, dass ihr es vernünftig als Gottesdienst betrachtet und gestaltet und heilig haltet. Passt euch der Welt

nicht an, die schon dahingeht. Fragt nach dem Maß der neuen Zukunft Gottes. Lasst euch von ihm im Innersten verwandeln zum rechten Handeln.　　　Detlev Block
Jakobus 2,14–26 :: Markus 5,21–24a

Psalm 33,10　**Der Herr vereitelt den Ratschlag der Nationen und macht zunichte die Pläne der Völker.**　3. Di

1. Petrus 3,14　**Wenn ihr leidet um der Gerechtigkeit willen, so seid ihr doch selig. Fürchtet euch nicht vor ihrem Drohen und erschreckt nicht.**

255,8　Beleb, erleuchtet, erwärm, entflamme doch bald die ganze weite Welt und zeig dich jedem Völkerstamme als Heiland, Friedefürst und Held.
　　　　　　　　　　　　　　　Georg Friedrich Fickert
2. Korinther 6,11–18(7,1) :: Markus 5,24b–34

5. Mose 3,24　**Wo ist ein Gott im Himmel und auf Erden, der es deinen Werken und deiner Macht gleichtun könnte?**　4. Mi

2. Kor. 5,11　**Weil wir wissen, dass der Herr zu fürchten ist, suchen wir Menschen zu gewinnen.**

Bg 393,3　Lass uns von deiner Gnade singen und froh durch unsre Tage gehn, lass uns um alle Menschen ringen, die noch in Nacht und Dunkel stehn. Lass preisen uns und jubilieren und lass uns deine Wunder schaun, dass wir die Herzen zu dir führen und so an deinem Reiche baun.　　　　　　　　　　　　　　Nach Albert Bartsch
Jakobus 3,13–18 :: Markus 5,35–43

Jesaja 26,9　**Von Herzen verlangt mich nach dir des Nachts, ja, mit meinem Geist suche ich dich am Morgen.**　5. Do

Philipper 3,20　**Unser Bürgerrecht aber ist im Himmel; woher wir erwarten den Heiland, den Herrn Jesus Christus.**

Bg 991,2.5　Er hat es uns zuvor gesagt und einen Tag bestellt, er kommt, wenn niemand nach ihm fragt noch es für möglich hält. So wach denn auf, mein Geist und Sinn, und schlummre ja nicht mehr, blick täglich auf sein Kommen hin, als ob es heute wär.
　　　　　　　　　　　　　　　Johann Christoph Rube
Lukas 11,33–36(37–41a) :: Markus 6,1–6

August

6. Fr
Ihr werdet mit Freuden Wasser schöpfen aus den Heilsbrunnen. — Jesaja 12,3

Jesus trat auf und rief: Wen da dürstet, der komme zu mir und trinke! — Johannes 7,37

Wir kommen zu dir, bedürftig. Wir kommen zu dir, weil du uns schon vorher geschenkt hast, was wir zum Leben brauchen. Wir kommen zu dir, weil bei dir Leben ist. Wir kommen zu dir, um dich auch heute um Leben zu bitten. Wir bitten dich: erhöre uns.

Johannes 18,19–24 :: Markus 6,7–13

7. Sa
Herr, du hast mich von den Toten heraufgeholt; du hast mich am Leben erhalten. — Psalm 30,4

Wir tragen allezeit das Sterben Jesu an unserm Leibe, damit auch das Leben Jesu an unserm Leibe offenbar werde. — 2. Kor. 4,10

Du kannst nicht tiefer fallen als nur in Gottes Hand, die er zum Heil uns allen barmherzig ausgespannt. Wir sind von Gott umgeben auch hier in Raum und Zeit und werden in ihm leben und sein in Ewigkeit. — 533,1.3

Arno Pötzsch

Philipper 2,12–18 :: Markus 6,14–29

9. Sonntag nach Trinitatis

Wem viel gegeben ist, bei dem wird man viel suchen; und wem viel anvertraut ist, von dem wird man umso mehr fordern. — Lukas 12,48

Wochenlied: 497 :: Wochenpsalm: 40,9.11–12
Matthäus 25,14–30 :: (Pr.) Philipper 3,7–11(12–14)
Psalm 141

8. So
Der Herr ist meine Stärke und mein Lobgesang und ist mein Heil. — 2. Mose 15,2

Seid stark in dem Herrn und in der Macht seiner Stärke. — Epheser 6,10

Führe, leite und bereite mich, wie du mich haben willst; gib mir Klarheit, Geist und Wahrheit, dass ich gleich sei deinem Bild, dass man merke, meine Stärke sei in dir, und du mein Schild.

Nach Magdalena Sibylla Rieger

---

9. Mo

Psalm 96,1 **Singet dem Herrn ein neues Lied; singet dem Herrn, alle Welt!**

Offenb. 19,6-7 **Halleluja! Der Herr, unser Gott, der Allmächtige, hat das Reich eingenommen! Lasst uns freuen und fröhlich sein und ihm die Ehre geben.**

326,7 Ich will dich all mein Leben lang, o Gott, von nun an ehren, man soll, Gott, deinen Lobgesang an allen Orten hören. Mein ganzes Herz ermuntre sich, mein Geist und Leib erfreue dich! Gebt unserm Gott die Ehre!

Johann Jakob Schütz

1. Könige 3,16–28 :: Markus 6,30–44

---

10. Di

Psalm 104,1.2 **Herr, mein Gott, du bist sehr herrlich; du bist schön und prächtig geschmückt. Licht ist dein Kleid, das du anhast.**

Joh. 11,40 **Jesus spricht zu Marta: Habe ich dir nicht gesagt: Wenn du glaubst, wirst du die Herrlichkeit Gottes sehen?**

Herr Jesus Christus, Marta redet und ringt mit dir. Du führst sie zu der Erkenntnis: Das Leben wird siegen, weil du es so willst. Staunend und zuversichtlich bekennt sie, was sie glaubt. Hab Dank für ihr Beispiel. Es macht uns froh und stärkt unsere Hoffnung, dass deine Herrlichkeit immer wieder aufleuchtet im Leben von Menschen.

Hesekiel 3,16–21 :: Markus 6,45–56

---

11. Mi

Hesekiel 36,26 **Ich will euch ein neues Herz und einen neuen Geist in euch geben.**

2. Kor. 5,17 **Ist jemand in Christus, so ist er eine neue Kreatur; das Alte ist vergangen, siehe, Neues ist geworden.**

Zieh ein zu deinen Toren, sei meines Herzens Gast, der du, da ich geboren, mich neu geboren hast, o hochgeliebter Geist des Vaters und des Sohnes, mit beiden gleichen Thrones, mit beiden gleich gepreist.
                                                               Paul Gerhardt 133,1
Matthäus 19,(4–7)8–12(13–15) :: Markus 7,1–15

12. Do

Der Herr spricht: **Wer mich ehrt, den ehre ich; wer mich verachtet, der wird zuschanden.** 1. Sam. 2,30

Jesus spricht: **Wer euch hört, der hört mich.** Lukas 10,16

Ich habe nicht genug geglaubt im Wollen und Gestalten und oft mich selber für das Haupt und für das Maß gehalten. Ich hab mich mehr geehrt als dich. Herr Gott, vergib und ändre mich um Jesu Christi willen.
                                                                Detlev Block
Epheser 5,15–20 :: Markus 7,17–23

13. Fr

Wenn doch mein Volk mir gehorsam wäre! Psalm 81,14

Christus spricht: **Das ist mein Gebot, dass ihr euch untereinander liebt, wie ich euch liebe.** Joh. 15,12

Wenn wir in Frieden beieinander wohnten, Gebeugte stärkten und die Schwachen schonten, dann würden wir den letzten heilgen Willen des Herrn erfüllen. Ach dazu müsse deine Lieb uns dringen! Du wollest, Herr, dies große Werk vollbringen, dass unter einem Hirten eine Herde aus allen werde.   Johann Andreas Cramer 221,2–3
Johannes 19,9–16a :: Markus 7,24–30

> 13. August 1727: Abendmahlsfeier in der Kirche zu Berthelsdorf; Zusammenschluss der Einwohner Herrnhuts zur Brüdergemeine durch den Geist Gottes

14. Sa

So spricht der Herr, dein Erlöser, der dich von Mutterleibe bereitet hat: Ich bin der Herr, der alles schafft, der den Himmel ausbreitet allein und die Erde festmacht ohne Gehilfen. Jesaja 44,24

1. Kor. 8,6	**So haben wir nur einen Gott, den Vater, von dem alle Dinge sind und wir zu ihm; und einen Herrn, Jesus Christus, durch den alle Dinge sind und wir durch ihn.**
139,1	Gelobet sei der Herr, mein Gott, mein Licht, mein Leben, mein Schöpfer, der mir hat mein' Leib und Seel gegeben, mein Vater, der mich schützt von Mutterleibe an, der alle Augenblick viel Guts an mir getan.

Johann Olearius

Lukas 12,42–48 :: Markus 7,31–37

---

10. SONNTAG NACH TRINITATIS (Israelsonntag)

Psalm 33,12 Wohl dem Volk, dessen Gott der Herr ist, dem Volk, das er zum Erbe erwählt hat.
Wochenlied: 138 oder 146
Wochenpsalm: 106,(4)5a.6.47a(48a)
Lukas 19,41–48 oder Markus 12,28–34
(Pr.) Römer 9,1–8.14–16 :: Psalm 140

---

2. Mose 15,11	**Herr, wer ist dir gleich unter den Göttern? Wer ist dir gleich, der so mächtig, heilig, schrecklich, löblich und wundertätig ist?**	15. So
1. Kor. 12,6	**Es sind verschiedene Kräfte; aber es ist ein Gott, der da wirkt alles in allen.**	
326,5	Der Herr ist noch und nimmer nicht von seinem Volk geschieden; er bleibet ihre Zuversicht, ihr Segen, Heil und Frieden. Mit Mutterhänden leitet er die Seinen stetig hin und her. Gebt unserm Gott die Ehre!	

Johann Jakob Schütz

Psalm 95,7–8	**Wenn ihr doch heute auf seine Stimme hören wolltet: »Verstocket euer Herz nicht.«**	16. Mo
Joh. 10,27	**Meine Schafe hören meine Stimme, und ich kenne sie und sie folgen mir.**	
277,3–4	Täglich umgeben mich Worte und Stimmen, aber ich höre gar nicht mehr hin; denn deine Stimme höre ich nicht mehr heraus. Wenn ich nichts hören kann, hilf	

mir dich rufen; hilf mir dich hören, wenn du mich rufst; hilf mir gehorchen, wenn du mich berufen willst.
Gerhard Valentin

Römer 11,1–12 :: Markus 8,1–10

17. **Siehe, ich habe dir geboten, dass du getrost und un-** Josua 1,9
Di **verzagt seist.**

Der Herr sprach zu Paulus: Sei getrost! Denn wie du Apg. 23,11
für mich in Jerusalem Zeuge warst, so musst du auch
in Rom Zeuge sein.

Selig, ja selig ist der zu nennen, des Hilfe der Gott Jakobs ist, welcher vom Glauben sich nicht lässt trennen und hofft getrost auf Jesus Christ. Wer diesen Herrn zum Beistand hat, findet am besten Rat und Tat. Halleluja, Halleluja. Johann Daniel Herrnschmidt 303,3

Lukas 21,5–6.20–24 :: Markus 8,11–13

18. **Der lebendige Gott ist ein Retter und Nothelfer.** Daniel 6,28
Mi Christus spricht: **Ich bin nicht gekommen, dass ich** Joh. 12,47
die Welt richte, sondern dass ich die Welt rette.

Unser Gott, du willst uns nicht vor den Nöten des Lebens bewahren, sondern in ihnen. Gib uns deinen Geist, damit wir entsprechende Erfahrungen mit dir machen und dadurch getröstet und gestärkt werden.

Johannes 4,19–26 :: Markus 8,14–21

19. **Wer immer den Tag des geringsten Anfangs verachtet** Sacharja 4,10
Do **hat, wird doch mit Freuden den Schlussstein sehen.**

Jesus sprach: **Das Reich Gottes ist wie ein Senfkorn:** Mark. 4,31-32
wenn das gesät wird aufs Land, so ist's das kleinste
unter allen Samenkörnern auf Erden; und wenn es
gesät ist, so geht es auf und wird größer als alle
Kräuter und treibt große Zweige, sodass die Vögel
unter dem Himmel unter seinem Schatten wohnen
können.

Heiland, deine größten Dinge beginnest du still und geringe. Was sind wir Armen, Herr, vor dir? Aber du wirst 256,5 für uns streiten und uns mit deinen Augen leiten; auf deine Kraft vertrauen wir. Dein Senfkorn, arm und klein, wächst ohne großen Schein doch zum Baume, weil du, Herr Christ, sein Hüter bist, dem es von Gott vertrauet ist. Albert Knapp

Römer 11,13–24 :: Markus 8,22–26

Jer. 18,14–15 **Das Regenwasser verläuft sich nicht so schnell, wie mein Volk meiner vergisst.**

20.
Fr

2. Tim. 4,2–3 **Predige das Wort, steh dazu, es sei zur Zeit oder zur Unzeit; weise zurecht, drohe, ermahne mit aller Geduld und Lehre. Denn es wird eine Zeit kommen, da sie die heilsame Lehre nicht ertragen werden.**

Ich schweige, wenn ich reden sollte, und wenn ich einmal hören sollte, dann kann ich's plötzlich nicht. Herr, hilf das Rechte sagen. Hilf uns das Gute wagen. Herr, hilf das Rechte tun! Kurt Rommel

Lukas 23,27–31 :: Markus 8,27–33

---

2. Mose 13,18 **Darum ließ Gott das Volk einen Umweg machen und führte es durch die Wüste zum Schilfmeer.**

21.
Sa

Markus 1,13.14 **Jesus war in der Wüste vierzig Tage und wurde versucht von dem Satan und war bei den wilden Tieren, und die Engel dienten ihm. Danach kam Jesus nach Galiläa und predigte das Evangelium Gottes.**

Herr Jesus Christus, du hast auch mich schon manches Mal durch die Wüste geführt. Der Mangel schien unerträglich. Doch du hast die Wüste verwandelt. Sie wurde mir zum Spiegel nach innen. Durch ihn hindurch habe ich dich erkannt.

Sacharja 12,1–10 :: Markus 8,34–9,1

21. August 1732: Aussendung der ersten Missionare aus Herrnhut

August

11. Sonntag nach Trinitatis

Gott widersteht den Hochmütigen, aber den Demütigen gibt er Gnade. — 1. Petrus 5,5b

Wochenlied: 299 :: Wochenpsalm: 113,2–3.5–7
Lukas 18,9–14 :: (Pr.) Epheser 2,4–10 :: Psalm 122

---

22. **Weil die Elenden Gewalt leiden und die Armen seufzen, will ich jetzt aufstehen, spricht der Herr, ich will Hilfe schaffen dem, der sich danach sehnt.** — Psalm 12,6
So

Der Seher Johannes schreibt: **Das Lamm mitten auf dem Thron wird sie weiden und leiten zu den Quellen des lebendigen Wassers, und Gott wird abwischen alle Tränen von ihren Augen.** — Offenb. 7,17

Schau, wie große Not und Qual trifft dein Volk jetzt überall; täglich wird der Trübsal mehr. Hilf, ach hilf, schütz deine Lehr. Wir verderben, wir vergehn, nichts wir sonst vor Augen sehn, wo du nicht bei uns wirst stehn. — Johann Heermann — 248,2

---

23. **So richtet nun euer Herz und euren Sinn darauf, den Herrn, euren Gott, zu suchen.** — 1. Chr. 22,19
Mo

Das Himmelreich gleicht einem Kaufmann, der gute Perlen suchte, und als er eine kostbare Perle fand, ging er hin und verkaufte alles, was er hatte, und kaufte sie. — Matt. 13,45–46

Sein guter Schatz ist aufgetan, des Himmels ewges Reich. Zu segnen hebt er täglich an und bleibt sich immer gleich. — Jochen Klepper — 457,9

Hesekiel 17,1–6.22–24 :: Markus 9,2–13

---

24. **Herr, lehre mich doch, dass es ein Ende mit mir haben muss und mein Leben ein Ziel hat und ich davon muss.** — Psalm 39,5
Di

Gott sprach zu dem reichen Menschen: Du Narr! Diese Nacht wird man deine Seele von dir fordern; und wem wird dann gehören, was du angehäuft hast? — Lukas 12,20

534,2 Herr, sei bei uns, wenn wir sterben müssen, wenn Brücken brechen und wenn wir vergehn. Herr, schweige nicht, wenn wir schweigen müssen; sei selber die Brücke und lass uns bestehn. Lothar Petzold
1. Mose 19,15–26 :: Markus 9,14–29

Psalm 68,21 **Wir haben einen Gott, der da hilft, und den Herrn, der vom Tode errettet.**

25. Mi

2. Kor. 5,1 **Denn wir wissen, dass wir, wenn unsre irdische Zeltwohnung abgebrochen sein wird, einen Bau haben, den Gott bereitet hat, ein nicht mit Händen gemachtes, ewiges Haus in den Himmeln.**

Lehre uns bedenken, dass wir sterben müssen. Bereite uns vor auf die Heimkehr zu dir. Erhalte uns mit der ganzen Gemeinde aus allen Völkern und Zeiten in bleibender Gemeinschaft. Lass uns einmal bei dir ruhen von unserer Arbeit, dich gemeinsam loben und anbeten in deiner ewigen Herrlichkeit.

Aus einer Liturgie der Brüdergemeine
Markus 7,24–30 :: Markus 9,30–37

Psalm 38,10 **Herr, all mein Verlangen liegt offen vor dir, und mein Seufzen ist dir nicht verborgen.**

26. Do

Lukas 15,20 **Als der Sohn noch weit entfernt war, sah ihn sein Vater und es jammerte ihn; er lief und fiel ihm um den Hals und küsste ihn.**

Und wenn es auch bisweilen scheint, als achtetest du, o Herr, nicht auf mein Rufen, nicht auf mein Klagen und Seufzen, nicht auf mein Danken – so will ich doch weiter zu dir beten, bis du meinen Dank annimmst, weil du mich erhört hast. Søren Kierkegaard
1. Petrus 5,1–5 :: Markus 9,38–41

Psalm 38,23 **Eile, mir beizustehen, Herr, du meine Hilfe!**

27. Fr

Joh. 11,21–23 **Marta sprach zu Jesus: Herr, wärst du hier gewesen, mein Bruder wäre nicht gestorben. Aber auch jetzt weiß ich: Was du bittest von Gott, das wird dir Gott geben. Jesus spricht zu ihr: Dein Bruder wird auferstehen.**

August

> Herr Christ, dein bin ich eigen: durch dein Allmächtig- 204,2
> keit, dein Güte zu erzeigen, beschirmst du mich allzeit.
> In meinen jungen Jahren hast du mich, Herr, ernährt,
> lass mir's auch widerfahren, wenn ich nun älter werd.
> Christiana Cunrad

Lukas 22,54–62 :: Markus 9,42–50

---

28. Sa

Was vom Hause Juda errettet und übrig geblieben ist, wird von neuem nach unten Wurzeln schlagen und oben Frucht tragen. — 2. Kön. 19,30

Die Geduld unseres Herrn erachtet für eure Rettung. — 2. Petrus 3,15

> Dass das Leben nicht verging, soviel Blut auch schreit, achtet dieses nicht gering in der trübsten Zeit. Freunde, dass der Mandelzweig sich in Blüten wiegt, bleibe uns ein Fingerzeig, wie das Leben siegt.
> Schalom Ben-Chorin

Jesaja 26,1–6 :: Markus 10,1–12

---

12. Sonntag nach Trinitatis

Das geknickte Rohr wird er nicht zerbrechen, und den glimmenden Docht wird er nicht auslöschen. — Jesaja 42,3

Wochenlied: 289 :: Wochenpsalm: 147,1.3.7.11
Markus 7,31–37 :: (Pr.) Apostelgeschichte 9,1–9(10–20)
Psalm 147

---

29. So

Ihre Gemeinde soll vor mir fest gegründet stehen. — Jeremia 30,20

So hatte nun die Gemeinde Frieden in ganz Judäa und Galiläa und Samarien und baute sich auf und lebte in der Furcht des Herrn und mehrte sich unter dem Beistand des Heiligen Geistes. — Apg. 9,31

> Es tut ihn nicht gereuen, was er vorlängst gedeut', sein 243,5
> Kirche zu erneuen in dieser fährlichn Zeit. Er wird
> herzlich anschauen dein' Jammer und Elend, dich herr-
> lich auferbauen durch Wort und Sakrament.
> Böhmische Brüder

2. Mose 23,25	**Dem Herrn, eurem Gott, sollt ihr dienen, so wird er dein Brot und dein Wasser segnen.**	30. Mo

Markus 1,31 **Jesus fasste die Schwiegermutter des Petrus bei der Hand und richtete sie auf; und das Fieber verließ sie und sie diente ihnen.**

Bg 926,3 Vater alles Lebens, lass uns nicht vergebens durch der Schöpfung Garten gehn, lass uns deine Wunder sehn, dass wie Sonne, Blum und Stern wir dem Licht gehorchen gern, dienstbar Christus, unserm Herrn.
Otto Riethmüller nach Michael Weiße
Matthäus 9,27–34 :: Markus 10,13–16

Jesaja 48,18	**O dass du auf meine Gebote gemerkt hättest, so würde dein Friede sein wie ein Wasserstrom und deine Gerechtigkeit wie Meereswellen.**	31. Di

1. Kor. 14,33 **Gott ist nicht ein Gott der Unordnung, sondern des Friedens.**

Bg 979,1 Deinen Frieden gib, o Herr, lass uns deinen Frieden, dass wir Glaubenswanderer nicht im Lauf ermüden. Schritt vor Schritt geh er mit, dass vor seinem Wehen Müh und Angst vergehen.   Carl Bernhard Garve
4. Mose 12,1–15 :: Markus 10,17–31

SEPTEMBER

Monatsspruch: Wenn der Herr nicht das Haus baut, so arbeiten umsonst, die daran bauen. Wenn der Herr nicht die Stadt behütet, so wacht der Wächter umsonst. — Psalm 127,1

1. Mi Wenn ich das Haus Israel wieder sammle aus den Völkern, unter die sie zerstreut sind, so will ich an ihnen vor den Augen der Heiden zeigen, dass ich heilig bin. — Hes. 28,25

Wer sollte dich, Herr, nicht fürchten und deinen Namen nicht preisen? Denn du allein bist heilig! Ja, alle Völker werden kommen und anbeten vor dir, denn deine gerechten Gerichte sind offenbar geworden. — Offenb. 15,4

Wie wir gehöret, wie man uns gelehret, dass Gott stets sein Volk behüt' durch seine große Güt, so kann man's sehen jetzt bei uns auch gehen hier an unsers Gottes Stadt; vor Augen ist die Tat. Gott erhält sie jetzt und allezeit, hat drin seinen Stuhl in Ewigkeit, umso mehr, weil der Herr nun selbst eingezogen ist, unser Herr Jesus Christ.   Peter Herbert nach Johann Augusta — Bg 238,2

Matthäus 17,14–20(21) :: Jeremia 1,1–19

2. Do Du leitest mich nach deinem Rat und nimmst mich am Ende mit Ehren an. — Psalm 73,24

Tod, wo ist dein Sieg? Tod, wo ist dein Stachel? — 1. Kor. 15,55

Meine Augen sehen dich nicht. Meine Ohren hören dich nicht. Meine Hände spüren dich nicht. Mein Verstand begreift dich nicht. Mein Herz aber erkennt dich. Ich vertraue dir: Jesus, Heiland der Welt.   Hanna Arlt

Jakobus 5,13–16 :: Jeremia 2,1–13

Sacharja 2,14	**Freue dich und sei fröhlich, du Tochter Zion! Denn siehe, ich komme und will bei dir wohnen, spricht der Herr.**	3. Fr
Joh. 14,23	**Jesus sprach: Wer mich liebt, der wird mein Wort halten; und mein Vater wird ihn lieben, und wir werden zu ihm kommen und Wohnung bei ihm nehmen.**	

165,8 Herr, komm in mir wohnen, lass mein' Geist auf Erden dir ein Heiligtum noch werden; komm, du nahes Wesen, dich in mir verkläre, dass ich dich stets lieb und ehre. Wo ich geh, sitz und steh, lass mich dich erblicken und vor dir mich bücken.   Gerhard Tersteegen

Lukas 23,6–12 :: Jeremia 3,19–4,4

Psalm 119,77	**Herr, lass mir deine Barmherzigkeit widerfahren, dass ich lebe.**	4. Sa
Markus 10,52	**Jesus sprach zu Bartimäus: Geh hin, dein Glaube hat dir geholfen. Und sogleich wurde er sehend und folgte ihm nach auf dem Wege.**	

Könnt ich vor dir bestehn, wenn du, Herr aller Zeit, mich nicht von Ewigkeit erbarmend angesehn? Du, ewger Vater, weißt, dass ich dein Eigen bin: Was meines Geistes Sinn, erforscht dein Heilger Geist. Herr halte meine Hand! Kein Leid mich von dir trenn, bis ich dich einst erkenn, wie ich von dir erkannt!

Jesaja 57,15–19 :: Jeremia 6,9–21

13. Sonntag nach Trinitatis

Matt. 25,40 Christus spricht: Was ihr getan habt einem von diesen meinen geringsten Brüdern, das habt ihr mir getan.
Wochenlied: 343
Wochenpsalm: 119,145.147.151.156a.159b
Lukas 10,25–37 :: (Pr.) 1. Johannes 4,7–12 :: Psalm 143

Hesekiel 11,19	**Ich will ihnen ein anderes Herz geben und einen neuen Geist in sie geben.**	5. So
2. Kor. 1,21	Paulus schreibt: **Gott ist's aber, der uns fest macht samt euch in Christus.**	

September 102

> Gib mir ein Herz voll Zuversicht, erfüllt mit Lieb und Ruhe, ein weises Herz, das seine Pflicht erkenn und willig tue. — Christian Fürchtegott Gellert — 451,7

6. **Das Volk derer, die ihren Gott kennen, wird stark** — Daniel 11,32
Mo **bleiben und danach handeln.**

Wachet, steht im Glauben, seid mutig und seid stark! — 1. Kor. 16,13

Lass uns so vereinigt werden, wie du mit dem Vater bist, bis schon hier auf dieser Erden kein getrenntes Glied mehr ist, und allein von deinem Brennen nehme unser Licht den Schein; also wird die Welt erkennen, dass wir deine Jünger sein. — N. L. von Zinzendorf — 251,7

5. Mose 15,1–11 :: Jeremia 7,1–15

7. **Ich freue mich und bin fröhlich in dir und lobe dei-** — Psalm 9,3
Di **nen Namen, du Allerhöchster.**

Ich bin erfüllt mit Trost; ich habe überschwängliche — 2. Kor. 7,4
Freude in aller unsrer Bedrängnis.

Ich glaube, dass der Glaube Stufen hat und dass Gott uns diese Stufen führt. — Jochen Klepper

Amos 5,4–15 :: Jeremia 7,16–28

8. **Der Herr, euer Gott, versucht euch, um zu erfahren,** — 5. Mose 13,4
Mi **ob ihr ihn von ganzem Herzen und von ganzer Seele lieb habt.**

Worin Jesus selber gelitten hat und versucht worden — Hebräer 2,18
ist, kann er helfen denen, die versucht werden.

Ach Gott, verlass mich nicht! Ich ruf aus Herzensgrunde: ach Höchster, stärke mich in jeder bösen Stunde. Wenn mich Versuchung plagt und meine Seel anficht, so weiche nicht von mir. Ach Gott, verlass mich nicht! — Salomo Franck — Bg 770,3

5. Mose 24,(10–15)17–22 :: Jeremia 9,1–23

9. **Ich will ihnen ein Herz geben, dass sie mich erken-** — Jeremia 24,7
Do **nen sollen, dass ich der Herr bin.**

Markus 3,5	Jesus sah sie ringsum an mit Zorn und war betrübt über ihr verstocktes Herz und sprach zu dem Menschen mit der verdorrten Hand: Strecke deine Hand aus! Und er streckte sie aus; und seine Hand wurde gesund.
140,5	Gott Vater, Sohn und Heilger Geist, o Segensbrunn, der ewig fließt: durchfließ Herz, Sinn und Wandel wohl, mach uns deins Lobs und Segens voll!

Gerhard Tersteegen

Apostelgeschichte 4,32–37 :: Jeremia 12,1–6

Psalm 24,8	**Wer ist der König der Ehre? Es ist der Herr, stark und mächtig, der Herr, mächtig im Streit.**	10. Fr
1. Tim. 6,12	**Kämpfe den guten Kampf des Glaubens.**	
87,3	Dein Kampf ist unser Sieg, dein Tod ist unser Leben; in deinen Banden ist die Freiheit uns gegeben. Dein Kreuz ist unser Trost, die Wunden unser Heil, dein Blut das Lösegeld, der armen Sünder Teil. Adam Thebesius	

Matthäus 26,47–50(55.56) :: Jeremia 13,1–11

---

1. Mose 15,1	**Fürchte dich nicht, Abram! I c h bin dein Schild und dein sehr großer Lohn.**	11. Sa
Römer 4,18	**Abraham hat geglaubt auf Hoffnung, wo nichts zu hoffen war, dass er der Vater vieler Völker werde, wie zu ihm gesagt ist.**	
316,5	Lobe den Herren, was in mir ist, lobe den Namen. Lob ihn mit allen, die seine Verheißung bekamen. Er ist dein Licht, Seele, vergiss es ja nicht. Lob ihn in Ewigkeit. Amen. Nach Joachim Neander	

Judas 1.2.20–25 :: Jeremia 14,1–16

---

14. SONNTAG NACH TRINITATIS

Psalm 103,2	Lobe den Herrn, meine Seele, und vergiss nicht, was er dir Gutes getan hat.

Wochenlied: 365 :: Wochenpsalm: 146,1.5.7c–8
Lukas 17,11–19 :: (Pr.) Römer 8,(12–13)14–17 :: Psalm 146

September

12. | **Der Herr sprach: Dich jammert die Staude, um die du** | Jona 4,10–11
So | dich nicht gemüht hast, die in einer Nacht ward und in einer Nacht verdarb, und mich sollte nicht jammern Ninive, eine so große Stadt?

Jesus sprach: Die Gesunden bedürfen des Arztes nicht, sondern die Kranken. | Lukas 5,31

Er hat uns wissen lassen sein herrlich Recht und sein Gericht, dazu sein Güt ohn Maßen, es mangelt an Erbarmung nicht; sein' Zorn lässt er wohl fahren, straft nicht nach unsrer Schuld, die Gnad tut er nicht sparen, den Schwachen ist er hold; sein Güt ist hoch erhaben ob den', die fürchten ihn; so fern der Ost vom Abend, ist unsre Sünd dahin.   Johann Gramann | 289,2

---

13. **Mein Volk gehorcht nicht meiner Stimme. So hab ich** | Ps. 81,12.13
Mo | sie dahingegeben in die Verstocktheit ihres Herzens, dass sie wandeln nach eigenem Rat.

Christus spricht: **Es kommt die Stunde und ist schon jetzt, dass die Toten hören werden die Stimme des Sohnes Gottes, und die sie hören werden, die werden leben.** | Joh. 5,25

Aus der Unruhe dieser Welt komme ich, Herr vor dein Angesicht. Ruhelos – gereizt und gehetzt jage ich nach dem Leben, und wenn ich es fassen will, zerrinnt alles zwischen meinen Fingern. Dein Wort ist das Leben. Herr, rede du, und ich, dein Kind, will hören.

2. Timotheus 1,1–6(7) :: Jeremia 15,10.15–21

---

14. **Ich will dich mit meinen Augen leiten.** | Psalm 32,8
Di | **Jesus sah, dass die Jünger sich abplagten beim Rudern, denn der Wind stand ihnen entgegen. Er sprach: Seid getrost, ich bin's; fürchtet euch nicht!, und trat zu ihnen ins Boot, und der Wind legte sich.** | Markus 6,48.50.51

Ach Hüter unsres Lebens, fürwahr, es ist vergebens mit unserm Tun und Machen, wo nicht dein Augen wachen.   Paul Gerhardt | 58,6

Johannes 9,24–38(39–41) :: Jeremia 16,1–13

September

15. Mi

Sprüche 1,7 — **Die Furcht des Herrn ist der Anfang der Erkenntnis.**

2. Kor. 13,5 — **Erforscht euch selbst, ob ihr im Glauben steht; prüft euch selbst! Oder erkennt ihr euch selbst nicht, dass Jesus Christus in euch ist?**

Bg 366,1 — Prüfe dich, Gemeine, aus der weiten Welt erwählt: Bist du noch die Seine, noch vom ersten Geist beseelt, noch von ihm durchdrungen, der mit Todespein sich sein Volk errungen, ihm ein Ruhm zu sein?
Carl Bernhard Garve

Philemon 1–16(17–22) :: Jeremia 17,5–13

16. Do

Psalm 22,11 — **Du bist mein Gott von meiner Mutter Schoß an.**

Gal. 1,15–16 — **Es gefiel Gott wohl, der mich von meiner Mutter Leib an ausgesondert und durch seine Gnade berufen hat, dass er seinen Sohn offenbarte in mir, damit ich ihn durchs Evangelium verkündigen sollte.**

37,2 — Da ich noch nicht geboren war, da bist du mir geboren und hast mich dir zu eigen gar, eh ich dich kannt, erkoren. Eh ich durch deine Hand gemacht, da hast du schon bei dir bedacht, wie du mein wolltest werden.
Paul Gerhardt

1. Chronik 29,9–18 :: Jeremia 18,1–12

16. September 1741: Synode der Brüder-Unität in London; Jesus Christus Herr und Ältester seiner Gemeinde. Gedenktag für die Diener und Dienerinnen im geistlichen Amt

17. Fr

Psalm 141,3 — **Herr, behüte meinen Mund und bewahre meine Lippen!**

1. Petrus 3,9 — **Vergeltet nicht Böses mit Bösem oder Scheltwort mit Scheltwort, sondern segnet vielmehr, weil ihr dazu berufen seid, dass ihr den Segen ererbt.**

Du schenkst uns Zeit, einander zu begegnen, dass wir uns lieben und einander segnen. Herr, lass uns stille werden, dass wir sehn: Du willst zu aller Zeit mit uns durchs Leben gehn.
Hanns Köbler

Johannes 13,31–35 :: Jeremia 19,1–13

September

18. Sa **Diene Gott mit ganzem Herzen und mit williger Seele! Denn der Herr erforscht alle Herzen.** — 1. Chr. 28,9

Gebt dem Kaiser, was des Kaisers ist, und Gott, was Gottes ist! — Markus 12,17

Öffnet euch Gottes gutem Geist, damit er täglich uns leite: dass er uns zu den Menschen weist und uns zum Dienen bereite. Ein treuer Samariter ist, wer Jesu Auftrag nie vergisst. Dienet dem Herren mit Freuden.
Helmut Millauer

2. Thessalonicher 2,13–17 :: Jeremia 20,7–18

---

15. Sonntag nach Trinitatis

Alle eure Sorge werft auf ihn; denn er sorgt für euch. — 1. Petrus 5,7
Wochenlied: 345 oder 369 :: Wochenpsalm: 127,1.2
Matthäus 6,25–34 :: (Pr.) 1. Petrus 5,5c–11 :: Psalm 127

---

19. So **Ich will dich nicht verlassen noch von dir weichen.** — Josua 1,5

Stephanus sprach: Siehe, ich sehe den Himmel offen und den Menschensohn zur Rechten Gottes stehen. Sie schrien aber laut und hielten sich ihre Ohren zu und stürmten einmütig auf ihn ein, stießen ihn zur Stadt hinaus und steinigten ihn. — Apg. 7,56–58

Schenk gleich Stephanus uns Frieden mitten in der Angst der Welt, wenn das Los, das uns beschieden in den schwersten Kampf uns stellt. In dem rasenden Getümmel schenk uns Glaubensheiterkeit, öffn im Sterben uns den Himmel, zeig uns Jesu Herrlichkeit. — 137,8
Philipp Spitta

---

20. Mo **Wohl dem, der barmherzig ist und gerne leiht und das Seine tut, wie es recht ist!** — Psalm 112,5

Wer da kärglich sät, der wird auch kärglich ernten; und wer da sät im Segen, der wird auch ernten im Segen. — 2. Kor. 9,6

Gott, stoße uns immer wieder an, damit wir helfen, soweit es in unseren Kräften steht. Wir wissen: Große

Taten müssen wir nicht vollbringen, aber einige kleine Schritte tun. Nimm uns die Angst, dabei zu kurz zu kommen. Du beschenkst uns ja reich. Dafür danken wir dir.

Philipper 4,8–14 :: Jeremia 21,1–14

Psalm 33,12 **Wohl dem Volk, dessen Gott der Herr ist, dem Volk, das er zum Erbe erwählt hat!** 21. Di

1. Kor. 6,9 **Wisst ihr nicht, dass die Ungerechten das Reich Gottes nicht ererben werden? Lasst euch nicht irreführen!**

Allmächtiger Gott, gib, dass dein Wort bei uns nicht ein steinernes Herz und eine eiserne Stirn vorfindet, sondern den gelehrigen Sinn, der sich dir erwartungsvoll öffnet. Lass uns erfahren, dass du unser Vater bist, und stärke uns in dem Vertrauen, dass du uns als deine Kinder angenommen hast. Johannes Calvin

1. Timotheus 6,(3–5)6–11a :: Jeremia 23,1–8

Jeremia 31,3 **Ich habe dich je und je geliebt, darum habe ich dich zu mir gezogen aus lauter Güte.** 22. Mi

Johannes 1,48 **Nathanael spricht zu ihm: Woher kennst du mich? Jesus antwortete und sprach zu ihm: Bevor Philippus dich rief, als du unter dem Feigenbaum warst, sah ich dich.**

Bg 383,3 Wir wollen ziehen, Herr Jesu, zieh voran! Wir wolln uns mühen beim Werk, in Gott getan. Soll aber unser Fuß nicht gleiten, muss uns der Blick deiner Augen leiten. N. L. von Zinzendorf

Apostelgeschichte 27,33–44 :: Jeremia 25,1–14

Psalm 104,33 **Ich will dem Herrn singen mein Leben lang und meinen Gott loben, solange ich bin.** 23. Do

Jakobus 5,13 **Leidet jemand unter euch, der bete; ist jemand guten Mutes, der singe Psalmen.**

Herr Jesus Christus, an manchen Tagen vergeht mir das Singen. Ich weiß, vor dir darf ich ablegen, was mich quält. Schenke mir dann die Gewissheit, dass du mich hörst. Schenke mir Kraft zum Tragen. Schenke mir neue, fröhliche Lieder.

Lukas 10,38–42 :: Jeremia 26,1–19

---

24. **Gott hat mein Elend und meine Mühe angesehen.** 1. Mose 31,42
Fr **Seid fest, unerschütterlich und nehmt immer zu in** 1. Kor. 15,58
dem Werk des Herrn, weil ihr wisst, dass eure Arbeit
nicht vergeblich ist in dem Herrn.

Gott sei mit dir, wenn es Abend wird, dass du dankbar zurückschauen kannst auf die Last und die Lust des vergangenen Tages und gewiss sein kannst, dass nichts vergeblich war. Christa Spilling-Nöker

Lukas 22,35–38 :: Jeremia 27,1–22

---

25. **Als meine Seele in mir verzagte, gedachte ich an den** Jona 2,8
Sa **Herrn, und mein Gebet kam zu dir.**
Der Herr stand mir bei und stärkte mich. 2. Tim. 4,17

Dem Herren musst du trauen, wenn dir's soll wohl 361,2
ergehn; auf sein Werk musst du schauen, wenn dein
Werk soll bestehn. Mit Sorgen und mit Grämen und mit
selbsteigner Pein lässt Gott sich gar nichts nehmen, es
muss erbeten sein. Paul Gerhardt

Lukas 6,20–26 :: Jeremia 28,1–17

---

16. Sonntag nach Trinitatis

Jesus Christus hat dem Tode die Macht genommen und 2. Tim. 1,10b
das Leben und ein unvergängliches Wesen ans Licht
gebracht durch das Evangelium.

Wochenlied: 113 oder 364
Wochenpsalm: 68,5a.5c–6.20–21
Johannes 11,1(2)3.17–27(41–45)
(Pr.) 2. Timotheus 1,7–10 :: Psalm 42

---

26. **Ich will mich freuen des Herrn und fröhlich sein in** Habakuk 3,18
So **Gott, meinem Heil.**
Der Kämmerer zog seine Straße fröhlich. Apg. 8,39

Herr, von dir kommt alles Leben, aller Segen kommt von dir. Was du mir bis heut gegeben, lieber Gott, hab Dank dafür. Nimm in deine Vaterhände mich, dein Kind, auch weiterhin, dass, wie auch mein Weg sich wende, ich bei dir geborgen bin.   Hilde Möller

---

27. Mo

Zefanja 2,3   **Suchet den Herrn, alle ihr Elenden im Lande, die ihr seine Rechte haltet! Suchet Gerechtigkeit, suchet Demut!**

1. Kor. 13,4   **Die Liebe ist langmütig und freundlich, die Liebe eifert nicht, die Liebe treibt nicht Mutwillen, sie bläht sich nicht auf.**

144,3   Zwar unsre Schuld ist groß und schwer, von uns nicht auszurechnen; doch dein Barmherzigkeit ist mehr, die kein Mensch kann aussprechen: die suchen und begehren wir und hoffen, du lässt es an dir uns nimmermehr gebrechen.   Michael Weiße

Römer 6,18–23 :: Jeremia 29,1–14

---

28. Di

Jer. 30,12.17   **So spricht der Herr: Dein Schaden ist verzweifelt böse, und deine Wunden sind unheilbar. Aber ich will dich wieder gesund machen und deine Wunden heilen.**

2. Kor. 5,15   **Christus ist darum für alle gestorben, damit, die da leben, hinfort nicht sich selbst leben, sondern dem, der für sie gestorben und auferstanden ist.**

449,8   Alles vergehet, Gott aber stehet ohn alles Wanken; seine Gedanken, sein Wort und Wille hat ewigen Grund. Sein Heil und Gnaden, die nehmen nicht Schaden, heilen im Herzen die tödlichen Schmerzen, halten uns zeitlich und ewig gesund.   Paul Gerhardt

Apostelgeschichte 21,8–14 :: Jeremia 30,1–3;31,1–14

MICHAELISTAG

Der Engel des Herrn lagert sich um die her, die ihn fürchten. — Psalm 34,8

Lied: 143 :: Psalm: 103,19–22
Lukas 10,17–20 :: (Pr.) Offenbarung 12,7–12a(12b)
Jeremia 31,18–20.31–37

---

29. Mi

Herr, sei du mit mir um deines Namens willen; denn deine Gnade ist mein Trost: Errette mich! — Psalm 109,21

Der Engel sprach zu ihm: Fürchte dich nicht, Zacharias, denn dein Gebet ist erhört. — Lukas 1,13

Es gibt da und dort Boten, mitten in der Wüste – Botschaften mitten im Schweigen, Zeichen mitten in der Dunkelheit, Antlitze, die sich zeigen, winken, rufen, vielleicht nur schweigend da sind, aber sie alle sind es, die das Dasein in dieser Welt erträglich machen.

30. Do

Wohl dem, der den Herrn fürchtet, der große Freude hat an seinen Geboten! — Psalm 112,1

Ehrt jedermann, habt die Brüder und Schwestern lieb, fürchtet Gott! — 1. Petrus 2,17

Bei dir gilt nichts denn Gnad und Gunst, die Sünde zu vergeben; es ist doch unser Tun umsonst auch in dem besten Leben. Vor dir niemand sich rühmen kann, des muss dich fürchten jedermann und deiner Gnade leben. — 299,2

                                        Martin Luther

1. Mose 16,6b–14 :: Jeremia 36,1–32

OKTOBER

2. Kor. 3,17 *Monatsspruch:* Wo der Geist des Herrn wirkt, da ist Freiheit.

---

1. Fr

Jesaja 48,21 **Sie litten keinen Durst, als er sie leitete in der Wüste. Er ließ ihnen Wasser aus dem Felsen fließen.**

Offenb. 22,17 **Wen dürstet, der komme; und wer da will, der nehme das Wasser des Lebens umsonst.**

Keiner verirrt sich so weit weg, dass er nicht zurückfinden kann zu dir, der du nicht bloß bist wie eine Quelle, die sich finden lässt. Du, der du wie eine Quelle bist, die selber den Dürstenden sucht.   Søren Kierkegaard
Offenbarung 14,6–7(13–16) :: Jeremia 37,1–21

---

2. Sa

Jesaja 40,6.8 **Alles Fleisch ist Gras, und alle seine Güte ist wie eine Blume auf dem Felde. Das Gras verdorrt, die Blume verwelkt, aber das Wort unseres Gottes bleibt ewiglich.**

1. Petrus 1,23 **Ihr seid wiedergeboren nicht aus vergänglichem, sondern aus unvergänglichem Samen, nämlich aus dem lebendigen Wort Gottes, das da bleibt.**

Herr, unser Gott! Wir danken dir, dass dein lebendiges Wort in diese Welt und auch zu uns gekommen ist. Erhalte uns, dass wir seine Hörer bleiben und täglich neu werden.   Karl Barth
Matthäus 18,10–14 :: Jeremia 38,1–13

---

17. Sonntag nach Trinitatis

1. Joh. 5,4 Unser Glaube ist der Sieg, der die Welt überwunden hat.
Wochenlied: 346 :: Wochenpsalm: 25,1–2a.8.10.14–15
Matthäus 15,21–28 :: (Pr.) Römer 10,9–17(18) :: Psalm 65

Zum Erntedankfest

Psalm 145,15 Aller Augen warten auf dich, und du gibst ihnen ihre Speise zur rechten Zeit.
Lied: 324 oder 502 :: Psalm: 104,24.27–28.30.33
Lukas 12,(13–14)15–21 oder Matthäus 6,25–34
(Pr.) 2. Korinther 9,6–15 :: Psalm 65

Oktober

3. **Ich nahm mich deiner an in der Wüste, im dürren Lande.** — Hosea 13,5
So

Das Brot, das wir brechen, ist das nicht die Gemeinschaft des Leibes Christi? — 1. Kor. 10,16

Jedes Geschöpf lebt von der Frucht der Erde; doch dass des Menschen Herz gesättigt werde, hast du vom Himmel Speise uns gegeben zum ewgen Leben. — 227,2
Maria Luise Thurmair

4. **Herr, ich warte auf dein Heil!** — 1. Mose 49,18
Mo

Christus hat unsre Sünde selbst hinaufgetragen an seinem Leibe auf das Holz, damit wir, der Sünde abgestorben, der Gerechtigkeit leben. — 1. Petrus 2,24

Es ist gerecht vor Gott allein, der diesen Glauben fasset; der Glaub gibt einen hellen Schein, wenn er die Werk nicht lasset; mit Gott der Glaub ist wohl daran, dem Nächsten wird die Lieb Guts tun, bist du aus Gott geboren. — 342,6
Paul Speratus

Markus 5,24–34 :: Jeremia 38,14–28

5. **Groß sind die Werke des Herrn; wer sie erforscht, der hat Freude daran.** — Psalm 111,2
Di

Das Wort Gottes breitete sich aus und die Zahl der Jünger wurde sehr groß in Jerusalem. — Apg. 6,7

Gott wolln wir loben, der mit edlen Gaben seine Kirch, die heilge Stadt, herrlich erbauet hat mit Geist und Worte am lieblichen Orte auf den schönen Berg Zion, auf Christum, seinen Sohn, da kein Trübsal sie verletzen kann, sondern wächst und blüht vor jedermann schön und zart, in Wohlfahrt, in Lieb und in Einigkeit zu ihrer Seligkeit. — Bg 238,1
Peter Herbert nach Johann Augusta

Jakobus 1,1–6(7–11)12–13 :: Jeremia 39,1–18

Psalm 56,9	**Sammle meine Tränen in deinen Krug; ohne Zweifel, du zählst sie.**	6. Mi

Markus 14,72 **Petrus gedachte an das Wort, das Jesus zu ihm gesagt hatte: Ehe der Hahn zweimal kräht, wirst du mich dreimal verleugnen. Und er fing an zu weinen.**

Ist alles dunkel um mich her, die Seele müd und freudenleer, bist du doch meine Zuversicht, bist in der Nacht, o Gott, mein Licht.   Johann Caspar Lavater

Lukas 7,1–10 :: Jeremia 40,1–16

4. Mose 21,7	**Sie kamen zu Mose und sprachen: Wir haben gesündigt, dass wir wider den Herrn und wider dich geredet haben. Bitte den Herrn, dass er die Schlangen von uns nehme. Und Mose bat für das Volk.**	7. Do

Kolosser 1,9 **Darum lassen wir auch von dem Tag an, an dem wir's gehört haben, nicht ab, für euch zu beten und zu bitten, dass ihr erfüllt werdet mit der Erkenntnis seines Willens in aller geistlichen Weisheit und Einsicht.**

137,4 Gib uns Moses Flehn und Beten um Erbarmung und Geduld, wenn durch freches Übertreten unser Volk häuft Schuld auf Schuld. Lass uns nicht mit kaltem Herzen unter den Verdorbnen stehn, nein, mit Moses großen Schmerzen für sie seufzen, weinen, flehn.
Nach Philipp Spitta

Apostelgeschichte 5,34–42 :: Jeremia 41,1–18

Hiob 12,10	**In Gottes Hand ist die Seele von allem, was lebt.**	8. Fr

Markus 8,36 **Was hülfe es dem Menschen, wenn er die ganze Welt gewönne und nähme an seiner Seele Schaden?**

374,1 Ich steh in meines Herren Hand und will drin stehen bleiben; nicht Erdennot, nicht Erdentand soll mich daraus vertreiben. Und wenn zerfällt die ganze Welt, wer sich an ihn und wen er hält, wird wohlbehalten bleiben.   Philipp Spitta

Johannes 19,28–30 :: Jeremia 42,1–22

Oktober

9. Sa

Hast du des Herrn vergessen, der dich gemacht hat, der den Himmel ausgebreitet und die Erde gegründet hat? — Jesaja 51,13

Alles hat er unter Christi Füße getan und hat ihn gesetzt der Gemeinde zum Haupt über alles. — Epheser 1,22

Jesu, der du bist alleine Haupt und König der Gemeine: segne mich, dein armes Glied; wollst mir neuen Einfluss geben deines Geistes, dir zu leben; stärke mich durch deine Güt. — Gerhard Tersteegen — 252,1

Matthäus 14,22–33 :: Jeremia 43,1–13

---

18. SONNTAG NACH TRINITATIS

Dies Gebot haben wir von ihm, dass, wer Gott liebt, dass der auch seinen Bruder liebe. — 1. Joh. 4,21

Wochenlied: 397 oder 494 :: Wochenpsalm: 122,2–3.7–9
Markus 12,28–34 :: (Pr.) Römer 14,17–19 :: Psalm 144

---

10. So

Du aber bleibst, wie du bist, und deine Jahre nehmen kein Ende. — Psalm 102,28

Gott, dem ewigen König, dem Unvergänglichen und Unsichtbaren, der allein Gott ist, sei Ehre und Preis in Ewigkeit! — 1. Tim. 1,17

Der du allein der Ewge heißt und Anfang, Ziel und Mitte weißt im Fluge unsrer Zeiten: bleib du uns gnädig zugewandt und führe uns an deiner Hand, damit wir sicher schreiten. — Jochen Klepper — 64,6

---

11. Mo

Ich bin der Herr, dein Gott, der ich dich aus Ägyptenland, aus der Knechtschaft, geführt habe. — 2. Mose 20,2

Wo der Geist des Herrn ist, da ist Freiheit. — 2. Kor. 3,17

Die Bande der Knechtschaft, die fall'n langsam ab, die Schritte verlernen den Trott. Entwachsen den Ketten, entstiegen dem Grab, das Leben besiegte den Tod. Ihr Weg ist noch weit, doch sie haben die Kraft, denn in ih-

ren Herzen ist Gott. Denn: Mirjam schlug auf die Pauke und Mirjam tanzte vor ihnen her. Mirjam hob ihre Stimme, sie sang für Gott, sie sang ihr Lied.
Claudia Mitscha-Eibl

1. Thessalonicher 4,9–12 :: Jeremia 44,1–23

---

12. Di

Psalm 143,6 — Ich breite meine Hände aus zu dir, meine Seele dürstet nach dir wie ein dürres Land.

Matthäus 6,25 — Jesus spricht: **Sorgt nicht um euer Leben, was ihr essen und trinken werdet; auch nicht um euren Leib, was ihr anziehen werdet. Ist nicht das Leben mehr als die Nahrung und der Leib mehr als die Kleidung?**

427,3 — Du nährst die Vögel in den Bäumen. Du schmückst die Blumen auf dem Feld. Du machst ein Ende meinem Sorgen, hast alle Tage schon bedacht.
Dieter Trautwein nach Huub Oosterhuis

1. Timotheus 1,1–8(9–11) :: Jeremia 45,1–5

---

13. Mi

Daniel 2,21 — Er ist's, der wechseln lässt Zeiten und Stunden; er setzt Könige ab und setzt Könige ein.

2. Kor. 10,18 — **Nicht der ist tüchtig, der sich selbst empfiehlt, sondern der, den der Herr empfiehlt.**

Die Herren der Welt gehen; du, unser Herr, kommst. Mache allen Völkern deinen Willen bekannt, dass sie danach leben!   Aus einer Liturgie der Brüdergemeine

Hoheslied 8,4–7 :: Klagelieder 1,1–22

---

14. Do

Sprüche 16,3 — **Befiehl dem Herrn deine Werke, so wird dein Vorhaben gelingen.**

1. Kor. 3,6 — Paulus schreibt: **Ich habe gepflanzt, Apollos hat begossen; aber Gott hat das Gedeihen gegeben.**

Bg 783,1 — Herr, der du mich führst und mein Tun regierst, ohne dich kann nichts gelingen, sondern Wollen und Vollbringen, wenn was soll gedeihn, kommt von dir allein.
N. L. von Zinzendorf

Apostelgeschichte 6,1–7 :: Klagelieder 3,1–33

Oktober

15. **Er ist den Übeltätern gleichgerechnet und hat die** — Jesaja 53,12
Fr **Sünde der Vielen getragen.**

Jesus fing an, die Jünger zu lehren: Der Menschensohn muss viel leiden und verworfen werden und getötet werden und nach drei Tagen auferstehen. — Markus 8,31

O mein Herr Jesu Christ, der du geduldig bist für mich am Kreuz gestorben: hast mir das Heil erworben, auch uns allen zugleiche das ewig Himmelreiche. — 345,4
      Lübeck vor 1603, Wittenberg und Nürnberg 1607
  Lukas 23,32–34 :: Klagelieder 3,34–66

16. **Als er gemartert ward, litt er doch willig und tat seinen Mund nicht auf wie ein Lamm, das zur Schlachtbank geführt wird.** — Jesaja 53,7
Sa

Jesus sprach: Abba, mein Vater, alles ist dir möglich; nimm diesen Kelch von mir; doch nicht, was ich will, sondern was du willst! — Markus 14,36

Herr, wer kann deinen Rat ergründen? Dir bleibt allein der Weisheit Preis. Du kannst viel tausend Wege finden, wo die Vernunft nicht einen weiß. Mein Vater, führ mich immerdar nur selig, wenn auch wunderbar! — Bg 732,3
      Salomo Franck
  Matthäus 5,17–24 :: Klagelieder 5,1–22

19. Sonntag nach Trinitatis

Heile du mich, Herr, so werde ich heil; hilf du mir, so ist mir geholfen. — Jeremia 17,14
  Wochenlied: 320 :: Wochenpsalm: 32,1–2.5.7
  Markus 2,1–12 :: (Pr.) Epheser 4,22–32 :: Psalm 137

17. **Josef lag im Gefängnis, aber der Herr war mit ihm.** — 1. Mo. 39,20.21
So **Petrus schlief zwischen zwei Soldaten, mit zwei Ketten gefesselt, und die Wachen vor der Tür bewachten das Gefängnis. Und siehe, der Engel des Herrn kam herein und Licht leuchtete auf in dem Raum; und er stieß Petrus in die Seite und weckte ihn und sprach: Steh schnell auf! Und die Ketten fielen ihm von seinen Händen.** — Apg. 12,6–7

452,1 Er weckt mich alle Morgen, er weckt mir selbst das Ohr. Gott hält sich nicht verborgen, führt mir den Tag empor, dass ich mit seinem Worte begrüß das neue Licht. Schon an der Dämmrung Pforte ist er mir nah und spricht. *Jochen Klepper*

18. Mo

Jeremia 2,27 **Sie kehren mir den Rücken zu und nicht das Angesicht. Aber wenn die Not über sie kommt, sprechen sie: »Auf und hilf uns!«**

Römer 2,4 **Weißt du nicht, dass dich Gottes Güte zur Buße leitet?**

Gott, allumfassende schöpferische Liebe, oft machen wir es uns nicht klar genug, mit wie vielen guten Gaben wir leben. Hilf, dass wir nicht vor allem das sehen, was uns belastet, sondern dass wir alles, was uns umgibt, sehr deutlich wahrnehmen und mit Dank aus deiner Hand empfangen.

Markus 10,46–52 :: 2. Korinther 1,1–7

19. Di

Klgl. 3,25 **Der Herr ist freundlich dem, der auf ihn harrt, und dem Menschen, der nach ihm fragt.**

Markus 6,56 **Wo Jesus in Dörfer, Städte und Höfe hineinging, da legten sie die Kranken auf den Markt und baten ihn, dass diese auch nur den Saum seines Gewandes berühren dürften; und alle, die ihn berührten, wurden gesund.**

Harre, meine Seele, harre des Herrn; alles ihm befehle, hilft er doch so gern. Wenn alles bricht, Gott verlässt uns nicht. Größer als der Helfer ist die Not ja nicht. Ewige Treue, Retter in Not, rett auch unsre Seele, du treuer Gott! *Johann Friedrich Räder*

Lukas 5,12–16 :: 2. Korinther 1,8–11

20. Mi

1. Mose 1,1 **Am Anfang schuf Gott Himmel und Erde.**

Markus 13,31 Jesus spricht: **Himmel und Erde werden vergehen; meine Worte aber werden nicht vergehen.**

Dein Wort, Herr, nicht vergehet, es bleibet ewiglich, so weit der Himmel gehet, der stets beweget sich; dein Wahrheit bleibt zu aller Zeit gleichwie der Grund der Erden, durch deine Hand bereit'. Cornelius Becker 295,4

Prediger 12,1–7(8) :: 2. Korinther 1,12–24

21. Do

Nach diesem will ich meinen Geist ausgießen über alles Fleisch. Joel 3,1

Als aber erschien die Freundlichkeit und Menschenliebe Gottes, unseres Heilands, machte er uns selig – nicht um der Werke der Gerechtigkeit willen, die wir getan hatten, sondern nach seiner Barmherzigkeit – durch das Bad der Wiedergeburt und Erneuerung im Heiligen Geist, den er über uns reichlich ausgegossen hat. Titus 3,4–6

Herr Jesu Christ, dich zu uns wend, dein' Heilgen Geist du zu uns send; mit Hilf und Gnad er uns regier und uns den Weg zur Wahrheit führ. 155,1
Wilhelm II. von Sachsen-Weimar (?)

Markus 6,7–13 :: 2. Korinther 2,1–11

22. Fr

Herr, deine Güte reicht, so weit der Himmel ist, und deine Wahrheit, so weit die Wolken gehen. Psalm 36,6

Siehe, jetzt ist die Zeit der Gnade, siehe, jetzt ist der Tag des Heils! 2. Kor. 6,2

Du hast die Angst der Macht beraubt, das Maß der Welt verwandelt. Die wahre Macht hat nur, wer glaubt und aus dem Glauben handelt. Wir danken dir, Herr Jesu Christ, dass dir die Macht gegeben ist im Himmel und auf Erden. Detlev Block

Matthäus 27,39–44 :: 2. Korinther 2,12–17

1. Sam. 10,6	**Der Geist des Herrn wird über dich kommen; da wirst du umgewandelt und ein anderer Mensch werden.**	23. Sa

2. Kor. 5,21 **Gott hat den, der von keiner Sünde wusste, für uns zur Sünde gemacht, damit wir in ihm die Gerechtigkeit würden, die vor Gott gilt.**

318,7 Was er nun angefangen hat, das will er auch vollenden; nur geben wir uns seiner Gnad, opfern uns seinen Händen und tun daneben unsern Fleiß, hoffend, er werd zu seinem Preis all unsern Wandel wenden.

Michael Weiße

Apostelgeschichte 14,8–18 :: 2. Korinther 3,1–11

20. Sonntag nach Trinitatis

Micha 6,8 Es ist dir gesagt, Mensch, was gut ist, und was der Herr von dir fordert: nämlich Gottes Wort halten und Liebe üben und demütig sein vor deinem Gott.

Wochenlied: 295 :: Wochenpsalm: 19,8–9
Markus 10,2–9(10–16) :: (Pr.) 1. Thessalonicher 4,1–8
Psalm 142

Sprüche 28,13	**Wer seine Sünde leugnet, dem wird's nicht gelingen; wer sie aber bekennt und lässt, der wird Barmherzigkeit erlangen.**	24. So

Matt. 23,12 **Wer sich selbst erhöht, der wird erniedrigt; und wer sich selbst erniedrigt, der wird erhöht.**

Du bist mir, Herr, treuer als ich mir selbst bin, liebst mich umfassender, als ich es kann; an meiner Entfaltung und meinem Glück liegt dir noch mehr als mir. Wenn das aber so ist, dann ist mein Leben in deinen Händen besser aufgehoben als in meinen eigenen.

Hans-Joachim Eckstein

Oktober

25. Mo Zur selben Zeit und in jenen Tagen wird man die Missetat Israels suchen, spricht der Herr, aber es wird keine da sein, und die Sünden Judas, aber es wird keine gefunden werden; denn ich will sie vergeben. — Jeremia 50,20

Sieh die Güte und den Ernst Gottes: den Ernst gegenüber denen, die gefallen sind, die Güte Gottes aber dir gegenüber, sofern du bei seiner Güte bleibst. — Römer 11,22

Die sich sein nicht schämen und sein' Dienst annehmen durch ein' rechten Glauben mit ganzem Vertrauen, denen wird er eben ihre Sünd vergeben.
Böhmische Brüder — 5,3

2. Mose 23,10–16 :: 2. Korinther 3,12–18

26. Di Sie sollen sicher wohnen, und niemand soll sie schrecken. — Hes. 34,28

Macht sichere Schritte mit euren Füßen, damit nicht jemand strauchle wie ein Lahmer, sondern vielmehr gesund werde. — Hebräer 12,13

Ob auch der Feind mit großem Trutz und mancher List will stürmen, wir haben Ruh und sichern Schutz durch seines Armes Schirmen. Wie Gott zu unsern Vätern trat auf ihr Gebet und Klagen, wird er, zu Spott dem feigen Rat, uns durch die Fluten tragen. Mit ihm wir wollen's wagen. Friedrich Spitta — 259,2

2. Mose 18,13–27 :: 2. Korinther 4,1–6

27. Mi Ich habe die Erde gemacht und den Menschen auf ihr geschaffen. — Jesaja 45,12

Christus betet: **Ich bitte für die, die du mir gegeben hast; denn sie sind dein.** — Johannes 17,9

Ohne Christus ist Unfriede zwischen Gott und den Menschen und zwischen Mensch und Mensch. Christus ist der Mittler geworden und hat Frieden gemacht mit Gott und unter den Menschen. Dietrich Bonhoeffer

1. Mose 24,54b–67 :: 2. Korinther 4,7–12

Jesaja 38,14	**Herr, ich leide Not, tritt für mich ein!**	28. Do
Römer 8,26	**Der Geist hilft unsrer Schwachheit auf. Denn wir wissen nicht, was wir beten sollen, wie sich's gebührt; sondern der Geist selbst vertritt uns mit unaussprechlichem Seufzen.**	

Bg 861,4 Tritt an meine Statt, wenn ich schwach und matt. Ach, wenn du nur bei mir stehest und durch Gnade mich erhöhest, eile ich der Ruh bei der Arbeit zu.
Nach N. L. von Zinzendorf

2. Mose 19,3–9 :: 2. Korinther 4,13–18

1. Mose 35,3	**Jakob sprach: Lasst uns nach Bethel ziehen, dass ich dort einen Altar errichte dem Gott, der mich erhört hat zur Zeit meiner Trübsal und mit mir gewesen ist auf dem Wege.**	29. Fr
1. Tim. 1,12	**Ich danke unserm Herrn Christus Jesus, der mich stark gemacht und für treu erachtet hat und in das Amt eingesetzt.**	

414,1 Lass mich, o Herr, in allen Dingen auf deinen Willen sehn und dir mich weihn; gib selbst das Wollen und Vollbringen und lass mein Herz dir ganz geheiligt sein. Nimm meinen Leib und Geist zum Opfer hin; dein, Herr, ist alles, was ich hab und bin. Georg Joachim Zollikofer

Johannes 18,28–32 :: 2. Korinther 5,1–10

Jesaja 59,2	**Eure Sünden verbergen des Herrn Angesicht vor euch, dass ihr nicht gehört werdet.**	30. Sa
Apg. 3,19	**Tut Buße und bekehrt euch, dass eure Sünden getilgt werden.**	

Bg 476,2 Herr, du willst nichts, was dein ist, missen. Drum will dein Herz auch jedermann ohn Unterschied geholfen wissen; und weil sich keiner helfen kann, so willst du allen insgemein selbst Helfer und Bekehrer sein.
Henriette Katharina von Gersdorf

Prediger 12,9–14 :: 2. Korinther 5,11–15

21. Sonntag nach Trinitatis

Lass dich nicht vom Bösen überwinden, sondern überwinde das Böse mit Gutem. — Römer 12,21
Wochenlied: 273 oder 377
Wochenpsalm: 19,8b.9b.10.12–13.15
Matthäus 5,38–48 :: (Pr.) Epheser 6,10–17 :: Psalm 96

Reformationstag

Einen anderen Grund kann niemand legen als den, der gelegt ist, welcher ist Jesus Christus. — 1. Kor. 3,11
Lied: 341 oder 351 :: Psalm: 46,2–3.5.8
Matthäus 5,1–10(11–12) :: (Pr.) Römer 3,21–28
Psalm 96

---

31. So **In meinem Zorn habe ich dich geschlagen, aber in meiner Gnade erbarme ich mich über dich.** — Jesaja 60,10

Unsre Trübsal, die zeitlich und leicht ist, schafft eine ewige und über alle Maßen gewichtige Herrlichkeit. — 2. Kor. 4,17

Aber dennoch wird es werden, was du, Jesus, uns versprichst, dass du noch auf dieser Erden alle Finsternis durchbrichst. Dennoch wirst du noch zerreißen das Gefängnis, drin wir stehn; dennoch wird, was du verheißen, herrlich in Erfüllung gehn.   Theophil Brodersen — Bg 1059

NOVEMBER

Jesaja 56,1 *Monatsspruch:* So spricht der Herr: Wahrt das Recht und sorgt für Gerechtigkeit; denn bald kommt von mir das Heil, meine Gerechtigkeit wird sich bald offenbaren.

Psalm 23,2–3 **Er weidet mich auf einer grünen Aue und führet mich zum frischen Wasser. Er erquicket meine Seele.** 1. Mo

Philipper 4,6 **Sorgt euch um nichts, sondern in allen Dingen lasst eure Bitten in Gebet und Flehen mit Danksagung vor Gott kundwerden!**

Wie leicht ist es für mich, mit dir zu leben, Herr! An dich zu glauben, wie leicht ist das für mich. Wenn ich zweifelnd nicht mehr weiter weiß und meine Vernunft aufgibt, dann sendest du mir die unumstößliche Gewissheit, dass du da bist und dafür sorgen wirst, dass nicht alle Wege zum Guten gesperrt werden.

Alexander Solschenizyn

Römer 12,17–21 :: 2. Korinther 5,16–21

Psalm 31,25 **Seid getrost und unverzagt alle, die ihr des Herrn harret!** 2. Di

Mark. 6,12–13 **Die Jünger zogen aus und predigten, man solle Buße tun, und trieben viele böse Geister aus und salbten viele Kranke mit Öl und machten sie gesund.**

374,2 Er ist ein Fels, ein sichrer Hort, und Wunder sollen schauen, die sich auf sein wahrhaftig Wort verlassen und ihm trauen. Er hat's gesagt, und darauf wagt mein Herz es froh und unverzagt und lässt sich gar nicht grauen. Philipp Spitta

1. Samuel 26,5–9.12–14.17–24 :: 2. Korinther 6,1–10

November

3. **Meine Zunge soll reden von deiner Gerechtigkeit und dich täglich preisen.** — Psalm 35,28
Mi

Paulus schreibt: Alles tue ich um des Evangeliums willen, um an ihm teilzuhaben. — 1. Kor. 9,23

Er ist mir täglich nahe und spricht mich selbst gerecht. Was ich von ihm empfahe, gibt sonst kein Herr dem Knecht. Wie wohl hat's hier der Sklave, der Herr hält sich bereit, dass er ihn aus dem Schlafe zu seinem Dienst geleit. — Jochen Klepper — 452,4

Sprüche 29,18–25 :: 2. Korinther 6,11–7,1

---

4. **Ich will ihre Abtrünnigkeit wieder heilen; gerne will ich sie lieben.** — Hosea 14,5
Do

Ihr wart wie die irrenden Schafe; aber ihr seid nun bekehrt zu dem Hirten und Bischof eurer Seelen. — 1. Petrus 2,25

Allmächtiger Gott, du lässt uns das Leiden und Sterben deines Sohnes zu unserm Heil verkündigen. Wir bitten dich: Gib uns ein offenes Herz, dass wir seine Liebe und seinen Gehorsam erkennen und ihm nachfolgen.

Jesaja 32,1–8 :: 2. Korinther 7,2–16

---

5. **Verlass dich auf den Herrn von ganzem Herzen, und verlass dich nicht auf deinen Verstand, sondern gedenke an ihn in allen deinen Wegen, so wird er dich recht führen.** — Sprüche 3,5–6
Fr

Jesus sagte zu den Jüngern: Seht zu, dass euch nicht jemand verführe! — Markus 13,5

Schöpfer und Herr, ich habe das Werk meines Lebens vollbracht mit den Geisteskräften, die du mir geschenkt hast. Ich habe der Menschheit die Herrlichkeit deiner Werke verkündet, soweit als mein Verstand deren übermenschliche Majestät zu begreifen fähig war. Lobe Gott, meine Seele, solange ich lebe! — Johannes Kepler

Lukas 22,49–53 :: 2. Korinther 8,1–5

		6.
1. Mose 12,4	**Da zog Abram aus, wie der Herr zu ihm gesagt hatte.**	Sa

1. Mose 12,4 **Da zog Abram aus, wie der Herr zu ihm gesagt hatte.** 6.
Hebräer 11,8 **Durch den Glauben wurde Abraham gehorsam, als er berufen wurde, in ein Land zu ziehen, das er erben sollte; und er zog aus und wusste nicht, wo er hinkäme.** Sa

Bg 837,1 All mein Tun und all mein Lassen sei dir, Herr, ganz heimgestellt. Führe mich auf rechter Straßen, machs mit mir, wie dir's gefällt. Schenk zur Arbeit rechten Fleiß, lehre mich, was ich nicht weiß, zeige mir, was ich nicht sehe, leite mich, wohin ich gehe.

Hamburg 1684

2. Timotheus 2,1–5(6) :: 2. Korinther 8,6–15

Friedensdekade

Drittletzter Sonntag des Kirchenjahres

2. Kor. 6,2b Siehe, jetzt ist die Zeit der Gnade, siehe jetzt ist der Tag des Heils!
Wochenlied: 152 oder 518 :: Wochenpsalm: 90,1–3.13–14
Lukas 17,20–24(25–30) :: (Pr.) Römer 14,7–9 :: Psalm 90

Bitte um Frieden und Schutz des Lebens (zum Friedenssonntag):

Psalm 46,2-3a Gott ist unsre Zuversicht und Stärke, eine Hilfe in den großen Nöten, die uns getroffen haben, darum fürchten wir uns nicht.
Wochenlied: 426 oder 428 :: Wochenpsalm: 85,3.5.8–9.12
Matthäus 5,1–10(11–12) :: (Pr.) 1. Timotheus 2,1–4
Psalm 90

1. Mose 24,21 **Abrahams Knecht schwieg still, bis er erkannt hätte, ob der Herr zu seiner Reise Gnade gegeben hätte oder nicht.** 7. So

Epheser 5,10 **Prüft, was dem Herrn wohlgefällig ist.**

Bg 843,1 Wer nur mit seinem Gott verreiset, der findet immer Bahn gemacht, weil er ihn lauter Wege weiset, auf welchen stets sein Auge wacht. Hier gilt die Losung früh und spat: Wohl dem, der Gott zum Führer hat!

Benjamin Schmolck

November

8. **Wer den Armen verspottet, verhöhnt dessen Schöp-** Sprüche 17,5
Mo **fer; und wer sich über eines andern Unglück freut,**
wird nicht ungestraft bleiben.

Haltet den Glauben an Jesus Christus, unsern Herrn Jakobus 2,1
der Herrlichkeit, frei von allem Ansehen der Person.

Jesus hat uns bis in Tod geliebet und erkauft mit sei- Bg 640
nem Blut. Wenn uns das nicht Grund zum Lieben gibet,
nicht entfacht des Herzens Glut, auch für ihn in Liebe
zu entbrennen, o, so muss ich in der Tat bekennen: ich
wüsst in der Welt nichts mehr, was dazu vermögend
wär. Barby 1778

Markus 4,1–9(10–12) :: 2. Korinther 8,16–24

9. **Ich will dir ein Freudenopfer bringen und deinen Na-** Psalm 54,8
Di **men, Herr, preisen, dass er so tröstlich ist.**

Paulus schreibt: **Nicht dass wir Herren wären über** 2. Korinther
euren Glauben, sondern wir sind Gehilfen eurer 1,24
Freude; denn ihr steht im Glauben.

Gott zu fassen ist fast unsere Freude zu klein.

Markus 13,9–20 :: 2. Korinther 9,1–5

10. **Wenn ihr umkehrtet und stille bliebet, so würde** Jesaja 30,15
Mi **euch geholfen.**

Ihr wisst, dass Gott erschienen ist, damit er die Sün- 1. Johannes 3,5
den wegnehme, und in ihm ist keine Sünde.

Gott naht sich mit neuer Huld, dass wir uns zu ihm bekehren; er will lösen unsre Schuld, ewig soll der Friede
währen. Allen Menschen wird zuteil Gottes Heil.
Friedrich Dörr

Hebräer 13,1–9b :: 2. Korinther 9,6–15

Jeremia 32,27	**Siehe, ich, der Herr, bin der Gott allen Fleisches, sollte mir etwas unmöglich sein?**	11. Do
Lukas 1,36–37	Der Engel sprach zu Maria: **Siehe, Elisabeth, deine Verwandte, ist auch schwanger mit einem Sohn, in ihrem Alter, und ist jetzt im sechsten Monat, von der man sagt, dass sie unfruchtbar sei. Denn bei Gott ist kein Ding unmöglich.**	

Gott, könntest du nicht auch mir einen Engel schicken, der mir verkündet deinen Ruf? Könntest du nicht auch mir das Ohr öffnen, dass ich höre deinen Ruf? Könntest du nicht auch mir das Herz bereiten, dass ich verstehe deinen Ruf? Könntest du nicht auch mir Marias Glauben schenken, dass ich folge deinem Ruf?

1. Johannes 2,18–26(27–29) :: 2. Korinther 10,1–11

Hiob 5,11	**Gott erhöht die Niedrigen und hilft den Betrübten empor.**	12. Fr
Markus 2,11	**Jesus sprach zu dem Gelähmten: Ich sage dir, steh auf, nimm dein Bett und geh heim!**	
383,1	Herr, du hast mich angerührt. Lange lag ich krank danieder, aber nun – die Seele spürt: Alte Kräfte kehren wieder. Neue Tage leuchten mir. Gott, du lebst. Ich danke dir! Jürgen Henkys nach Svein Ellingsen	

Matthäus 26,36–41 :: 2. Korinther 10,12–18

Psalm 146,5	**Wohl dem, dessen Hilfe der Gott Jakobs ist, der seine Hoffnung setzt auf den Herrn.**	13. Sa
1. Tim. 6,13–15	**Ich gebiete dir vor Gott, dass du das Gebot unbefleckt, untadelig haltest bis zur Erscheinung unseres Herrn Jesus Christus, welche uns zeigen wird zu seiner Zeit der Selige und allein Gewaltige, der König aller Könige und Herr aller Herren.**	
Bg 332,3	Gemeine, wie viel hast du noch, die nicht in Jesu leben und die sich in sein sanftes Joch noch nicht so ganz er-	

geben? Kommt alle, kommt, so wie ihr seid, kein einziges ausgenommen! Ihr könnt Vergebung, Fried und Freud von ihm geschenkt bekommen.

N. L. von Zinzendorf

Markus 13,30–37 :: 2. Korinther 11,1–6

13. November 1741: Alle Brüdergemeinen ehren Jesus Christus als Haupt und Ältesten seiner Gemeinde (vgl. 16. September)

VORLETZTER SONNTAG DES KIRCHENJAHRES

Wir müssen alle offenbar werden vor dem Richterstuhl Christi. — 2. Kor. 5,10
Wochenlied: 149 :: Wochenpsalm: 50,1–4.6
Matthäus 25,31–46 :: (Pr.) Römer 8,18–23(24–25)
Psalm 51

14. So **Tut kund unter den Völkern seine Taten, verkündet, dass sein Name erhaben ist!** — Jesaja 12,4

Wir sind Botschafter an Christi statt, denn Gott ermahnt durch uns; so bitten wir nun an Christi statt: Lasst euch versöhnen mit Gott! — 2. Kor. 5,20

Nun danket Gott, erhebt und preiset die Gnaden, die er euch erweiset, und zeiget allen Völkern an die Wunder, die der Herr getan. O Volk des Herrn, sein Eigentum, besinge deines Gottes Ruhm.   Johannes Stapfer — 290,1

15. Mo **Es freue sich der Himmel, und die Erde sei fröhlich, und man sage unter den Heiden, dass der Herr regiert!** — 1. Chr. 16,31

Wir wissen, dass Christus, von den Toten erweckt, hinfort nicht stirbt; der Tod kann hinfort über ihn nicht herrschen. — Römer 6,9

Weck die tote Christenheit aus dem Schlaf der Sicherheit; mache deinen Ruhm bekannt überall im ganzen Land. Erbarm dich, Herr.   Christian Gottlob Barth — 263,2

Matthäus 7,21–27(28.29) :: 2. Korinther 11,7–15

Psalm 14,3	**Sie sind alle abgewichen und allesamt verdorben; da ist keiner, der Gutes tut, auch nicht einer.**	16. Di
1. Kor. 1,30	**Christus Jesus ist uns von Gott gemacht zur Weisheit und zur Gerechtigkeit und zur Heiligung und zur Erlösung.**	
94,2	Er wollte, dass die Erde zum Stern des Kreuzes werde, und der am Kreuz verblich, der sollte wiederbringen, die sonst verloren gingen, dafür gab er zum Opfer sich.	

Kurt Ihlenfeld

Hebräer 10,26–31 :: 2. Korinther 11,16–33

Buss- und Bettag

Sprüche 14,34 Gerechtigkeit erhöht ein Volk; aber die Sünde ist der Leute Verderben.
*Lied: 144 oder 146 :: Psalm: 130,1–5.7b
Lukas 13,(1–5)6–9 :: (Pr.) Römer 2,1–11
2. Korinther 12,1–10*

Jeremia 10,12	**Der Herr hat die Erde durch seine Kraft gemacht und den Himmel ausgebreitet durch seinen Verstand.**	17. Mi
Johannes 1,1	**Im Anfang war das Wort, und das Wort war bei Gott, und Gott war das Wort.**	
Bg 9,1	Halleluja! Lob, Preis und Ehr sei unserm Gott je mehr und mehr für alle seine Werke! Von Ewigkeit zu Ewigkeit sei von uns allen ihm bereit' Dank, Weisheit, Kraft und Stärke! Singt ihm, bringt ihm ein erfreulich: Heilig, heilig, heilig ist Gott, unser Gott, der Herr Zebaot!	

1698

Jeremia 30,19	**Ich will sie mehren und nicht mindern, ich will sie herrlich machen und nicht geringer.**	18. Do
Römer 8,32	**Gott hat auch seinen eigenen Sohn nicht verschont, sondern hat ihn für uns alle dahingegeben – wie sollte er uns mit ihm nicht alles schenken?**	
	Nun, Herr, wer kann's genug bedenken? Der Wunder sind hier gar zu viel. So viel wie du kann niemand	

schenken, und dein Erbarmen hat kein Ziel; denn immer wird uns mehr beschert, als wir zusammen alle wert. Kaspar Neumann
2. Thessalonicher 1,3–12 :: 2. Korinther 12,11–18

19. Fr	**Bekehrt euch, so werdet ihr leben.**	Hes. 18,32
	Jesus sprach zu dem Mann: Willst du zum Leben eingehen, so halte die Gebote.	Matt. 19,17

Weil du mich festhältst, wage ich loszulassen, was deine Liebe mir abverlangt. Zaghaft noch sind meine Schritte, aber ich gehe mit dir. Ich spanne die Flügel des Vertrauens aus und lasse mich führen auf dem Weg, den du mir bestimmt hast.
Matthäus 26,59–66 :: 2. Korinther 12,19–21

20. Sa	**Ich erkenne, dass du alles vermagst, und nichts, das du dir vorgenommen, ist dir zu schwer.**	Hiob 42,2
	Von Gott und durch ihn und zu ihm sind alle Dinge. Ihm sei Ehre in Ewigkeit!	Römer 11,36

Meiner Seele Wohlergehen hat er ja recht wohl bedacht; will dem Leibe Not entstehen, nimmt er's gleichfalls wohl in Acht. Wenn mein Können, mein Vermögen nichts vermag, nichts helfen kann, kommt mein Gott und hebt mir an sein Vermögen beizulegen. Alles Ding währt seine Zeit, Gottes Lieb in Ewigkeit.
Paul Gerhardt

325,5

Offenbarung 20,11–15 :: 2. Korinther 13,1–13

Letzter Sonntag des Kirchenjahres (Ewigkeitssonntag)

Lasst eure Lenden umgürtet sein und eure Lichter brennen. Lukas 12,35
Wochenlied: 147 :: Wochenpsalm: 126,1–2.5–6
Matthäus 25,1–13 :: (Pr.) Offenbarung 21,1–7
Jesaja 26,7–19

1. Mose 21,22	**Gott ist mit dir in allem, was du tust.**	21. So
Röm. 8,38-39	**Ich bin gewiss, dass weder Tod noch Leben, weder Engel noch Mächte noch Gewalten, weder Gegenwärtiges noch Zukünftiges, weder Hohes noch Tiefes noch eine andere Kreatur uns scheiden kann von der Liebe Gottes, die in Christus Jesus ist, unserm Herrn.**	

494,6 Nun, Jesu, komm und bleib bei mir. Die Werke meiner Hände befehl ich, liebster Heiland, dir; hilf, dass ich sie vollende zu deines Namens Herrlichkeit, und gib, dass ich zur Abendzeit erwünschten Lohn empfange.
Salomo Liscow

3. Mose 26,6	**Ich will Frieden schaffen im Lande, und ihr werdet ruhig schlafen, ohne dass euch jemand aufschreckt.**	22. Mo
Matt. 11,29	Jesus spricht: **Nehmt auf euch mein Joch und lernt von mir; denn ich bin sanftmütig und von Herzen demütig; so werdet ihr Ruhe finden für eure Seelen.**	

351,7 Sein Geist wohnt mir im Herzen, regiert mir meinen Sinn, vertreibet Sorg und Schmerzen, nimmt allen Kummer hin; gibt Segen und Gedeihen dem, was er in mir schafft, hilft mir das Abba schreien aus aller meiner Kraft.
Paul Gerhardt

5. Mose 34,1–7(8) :: Philemon 1–25

Hesekiel 33,11	**So kehrt nun um von euren bösen Wegen. Warum wollt ihr sterben?**	23. Di
1. Kor. 9,24	Paulus schreibt: **Wisst ihr nicht, dass die, die in der Kampfbahn laufen, die laufen alle, aber einer empfängt den Siegespreis? Lauft so, dass ihr ihn erlangt.**	

373,3 Jesu, hilf siegen und lass mich nicht sinken; wenn sich die Kräfte der Lügen aufblähn und mit dem Scheine der Wahrheit sich schminken, lass doch viel heller dann deine Kraft sehn. Steh mir zur Rechten, o König und Meister, lehre mich kämpfen und prüfen die Geister.
Johann Heinrich Schröder

1. Petrus 1,13–21 :: 2. Petrus 1,1–11

November

24. **Der Herr allein ist im Recht; denn seinem Worte habe** Klgl. 1,18
Mi **ich getrotzt.**

Das Wort vom Kreuz ist eine Torheit denen, die ver- 1. Kor. 1,18
loren werden; uns aber, die wir selig werden, ist's
eine Gotteskraft.

Das Kreuz ist aufgerichtet, der große Streit geschlichtet. 94,1
Dass er das Heil der Welt in diesem Zeichen gründe,
gibt sich für ihre Sünde der Schöpfer selber zum Ent-
gelt. Kurt Ihlenfeld

1. Korinther 3,9–15 :: 2. Petrus 1,12–21

25. **Herr, du bist doch unser Vater! Wir sind Ton, du bist** Jesaja 64,7
Do **unser Töpfer, und wir alle sind deiner Hände Werk.**

Dein Wille geschehe wie im Himmel so auf Erden. Matthäus 6,10

Ich bat um Reichtum, um glücklich zu werden. Ich erhielt ihn nicht und wurde weise. Ich bat um Kraft, etwas zu leisten. Ich erhielt sie nicht und lernte Gottes
Hilfe zu suchen. Ich erbat alles, um mich des Lebens
zu erfreuen. Ich erhielt das Leben, um mich an allem
zu erfreuen. Ich bekam wenig von dem, was ich erbat,
und doch alles, was ich erhofft hatte.
Unbekannter Verfasser

Kolosser 4,2–6 :: 2. Petrus 2,1–22

26. **Die da sitzen mussten in Finsternis und Dunkel, ge-** Ps. 107,10.13.1
Fr **fangen in Zwang und Eisen, die dann zum Herrn rie-**
fen in ihrer Not, und er half ihnen aus ihren Ängsten:
Die sollen dem Herrn danken für seine Güte und für
seine Wunder, die er an den Menschenkindern tut.

Der Hohepriester und die mit ihm waren, legten Apg. 5,18–20
Hand an die Apostel und warfen sie in das öffentliche
Gefängnis. Aber der Engel des Herrn tat in der Nacht
die Türen des Gefängnisses auf und führte sie heraus
und sprach: Geht hin und tretet im Tempel auf und
redet zum Volk alle Worte des Lebens.

Bg 1055,4 Darum kommen wir und bitten: Rette, was im Kerker weint, bis am Kreuz, da du gelitten, alle Welt sich hat vereint. Sieh der Völker Elend an; brich dem Wort des Lichts die Bahn!   Johann Christoph Blumhardt
Matthäus 27,50–54 :: 2. Petrus 3,1–9

Jeremia 31,34 **Ich will ihnen ihre Missetat vergeben und ihrer Sünde nimmermehr gedenken.**

27. Sa

2. Petrus 3,9 **Der Herr verzögert nicht die Verheißung, wie es einige für eine Verzögerung halten; sondern er hat Geduld mit euch und will nicht, dass jemand verloren werde, sondern dass jedermann zur Buße finde.**

O du ewiger, barmherziger Gott, du bist ein Gott des Friedens und der Liebe, nicht aber des Zwiespalts. Wir bitten dich: Du wollest durch den Heiligen Geist alles Zerstreute zusammenbringen, das Geteilte vereinen und ganz machen.   Schlesisches Gebetbuch 1531
Offenbarung 21,10–14.21–27 :: 2. Petrus 3,10–18

1. SONNTAG IM ADVENT

Sacharja 9,9 Siehe, dein König kommt zu dir, ein Gerechter und ein Helfer.
*Wochenlied: 4 oder 16 :: Wochenpsalm: 24,7–10
Matthäus 21,1–9 :: Römer 13,8–12(13.14) :: Psalm 24
Predigt: Jeremia 23,5–8*

Richter 10,15 **Die Israeliten sprachen zum Herrn: Wir haben gesündigt, mache du es mit uns, wie dir's gefällt; nur errette uns heute!**

28. So

Lukas 1,31–32 Der Engel sprach zu Maria: **Siehe, du wirst schwanger werden und einen Sohn gebären, und du sollst ihm den Namen Jesus geben. Der wird groß sein und Sohn des Höchsten genannt werden; und Gott der Herr wird ihm den Thron seines Vaters David geben.**

Gott kommt zu uns. Wir müssen nicht mehr zweifelnd nach ihm fragen. Gott kommt zu uns, um seine Gnade allen anzusagen. Gott kommt zu uns und lässt uns wieder hoffen; denn sein Herz ist für alle Menschen offen. Gott kommt zu uns. *Johannes Jourdan*

Mo 29. **Das soll mein Ruhm und meine Wonne, mein Preis und meine Ehre sein unter allen Völkern auf Erden, wenn sie all das Gute hören, das ich Jerusalem tue.** *Jeremia 33,9*

Der Seher Johannes schreibt: **Der Engel zeigte mir die heilige Stadt Jerusalem herniederkommen aus dem Himmel von Gott, die hatte die Herrlichkeit Gottes.** *Offb. 21,10–11*

Sie naht, die frohe Zeit, wohlauf, und steht bereit dem Herrn der Herrlichkeit! Bald kommt er und mit ihm sein Lohn. Ja, komm, Herr Jesu, Gottes Sohn! Komm du, des wir uns freun! Wir warten dein. Führ in dein Reich uns ein! *Carl Bernhard Garve* *Bg 1047,3*

1. Petrus 1,(8.9)10–13 :: Jesaja 56,1–8

30. Di **Gott der Herr nahm den Menschen und setzte ihn in den Garten Eden, dass er ihn bebaute und bewahrte.** *1. Mose 2,15*

Der pflanzt und der begießt, sind einer wie der andere. Jeder aber wird seinen Lohn empfangen nach seiner Arbeit. *1. Kor. 3,8*

Gib deinen Segen unserm Tun und unsrer Arbeit deinen Lohn durch Jesus Christus, deinen Sohn, unsern Herren vor deinem Thron. *Michael Weiße* *438,6*

Hebräer 10,32–39 :: Jesaja 56,9–57,13

DEZEMBER

Jesaja 43,19 *Monatsspruch:* Gott spricht: Siehe, ich will ein Neues schaffen, jetzt wächst es auf, erkennt ihr's denn nicht? Ich mache einen Weg in der Wüste und Wasserströme in der Einöde.

1. Mi

Jesaja 42,16 **Ich will die Finsternis vor ihnen her zum Licht machen und das Höckerige zur Ebene.**

Lukas 1,78.79 **Durch die herzliche Barmherzigkeit unseres Gottes wird uns besuchen das aufgehende Licht aus der Höhe, damit es erscheine denen, die sitzen in Finsternis und im Schatten des Todes, und richte unsere Füße auf den Weg des Friedens.**

72,5 Erleuchte, die da sind verblendet, bring her, die sich von uns getrennt, versammle, die zerstreuet gehn, mach feste, die im Zweifel stehn.   Johann Heermann

Kolosser 1,9–14 :: Jesaja 57,14–21

2. Do

Psalm 34,5 **Als ich den Herrn suchte, antwortete er mir und errettete mich aus aller meiner Furcht.**

Lukas 1,50 Maria singt: **Des Herrn Barmherzigkeit währt von Geschlecht zu Geschlecht bei denen, die ihn fürchten.**

Glaube ist eine lebendige, verwegene Zuversicht auf Gottes Gnade, so gewiss, dass er tausendmal dafür sterben würde. Und solche Zuversicht und Erkenntnis göttlicher Gnade macht fröhlich, trotzig und lustig gegen Gott und alle Kreaturen; das wirkt der heilige Geist im Glauben.   Martin Luther

1. Thessalonicher 5,(1–3)4–8 :: Jesaja 58,1–14

3. Fr

2. Mose 10,3 **So gingen Mose und Aaron hin zum Pharao und sprachen zu ihm: So spricht der Herr: Lass mein Volk ziehen, dass es mir diene!**

Römer 8,2 **Das Gesetz des Geistes, der lebendig macht in Christus Jesus, hat dich frei gemacht von dem Gesetz der Sünde und des Todes.**

Herr Jesus Christus, wir sind frei, weil dein Geist uns leitet. Dankbar wollen wir dir dienen. Wir wollen unsere Stimme erheben für die, die in Unfreiheit leben und verzweifelt darüber sind: Stärke sie mit deinem Geist, richte sie auf und zeige ihnen Wege zum Leben.
Matthäus 27,27–30 :: Jesaja 59,1–15a

4. Sa	**Noah tat alles, was ihm Gott gebot.**	1. Mose 6,22
	Durch den Glauben hat Noah Gott geehrt und die Arche gebaut zur Rettung seines Hauses, als er ein göttliches Wort empfing über das, was man noch nicht sah; durch den Glauben sprach er der Welt das Urteil und hat ererbt die Gerechtigkeit, die durch den Glauben kommt.	Hebräer 11,7

Gib, dass wir, alle Gottes Kind', deiner Wahrheit gehorsam sind, dass wir stets bei dir stehn und nicht mehr zurücke gehn. Leite du, König, uns, und Held, dass wir wandeln, wie dir's gefällt, singen auch Lob und Ehr mit dem ganzen Himmelsheer. Lob sei dir für und für, Jesus Christ, dass du bist sünd'ger Welt Heil und Held, der das Feld im Kampf mit Tod und Höll behält.   Michael Weiße   104,3

Matthäus 23,37–39 :: Jesaja 59,15b–21

2. SONNTAG IM ADVENT

Seht auf und erhebt eure Häupter, weil sich eure Erlösung naht.   Lukas 21,28
   Wochenlied: 6 :: Wochenpsalm: 80,2–3.19–20
   Lukas 21,25–33 :: Jakobus 5,7–8 :: Psalm 68,1–24
   Predigt: Matthäus 24,1–14

5. So	**Ich bin der Erste, und ich bin der Letzte, und außer mir ist kein Gott.**	Jesaja 44,6

Hebräer 3,14	**Wir haben an Christus Anteil bekommen, wenn wir die Zuversicht vom Anfang bis zum Ende festhalten.**	
472,2	Nichts ist auf dieser Erden, das da beständig bleibt, allein die Güt des Herren, die währt in Ewigkeit, steht allen Menschen offen; Gott lässt die Seinen nicht. Drauf setz ich all mein Hoffen, mein' Trost, mein Zuversicht.	

Greifswald 1597

Psalm 5,13	**Du, Herr, segnest die Gerechten, du deckest sie mit Gnade wie mit einem Schilde.**	6. Mo
1. Petrus 3,18	**Denn auch Christus hat einmal für die Sünden gelitten, der Gerechte für die Ungerechten, damit er euch zu Gott führte.**	
Bg 100,3	Der Himmel ist jetzt nimmer weit, es naht die selge Gotteszeit der Freiheit und der Liebe. Wohlauf, du frohe Christenheit, dass jeder sich nach langem Streit in Friedenswerken übe! Max von Schenkendorf	

Hebräer 6,9–12 :: Jesaja 60,1–11

Psalm 119,2	**Wohl denen, die sich an seine Mahnungen halten, die ihn von ganzem Herzen suchen!**	7. Di
Lukas 11,10	**Wer da bittet, der empfängt; und wer da sucht, der findet; und wer da anklopft, dem wird aufgetan.**	
	Gott hab ich lieb, er hörte mein Gebet; ich floh in Angst zu seines Thrones Stufen; er hat geneigt sein Ohr zu meinem Rufen, mein Leben lang such ich ihn früh und spät. Matthias Jorissen	

Offenbarung 2,12–17 :: Jesaja 60,15–22

5. Mose 1,17	**Ihr sollt die Person nicht ansehen, sondern sollt den Kleinen hören wie den Großen und vor niemand euch scheuen; denn das Gericht ist Gottes.**	8. Mi
Matthäus 7,1	**Richtet nicht, damit ihr nicht gerichtet werdet.**	

Immer noch beherrschen Menschen andere auf Grund von Geschlecht, Hautfarbe und Herkunft. Immer wieder beherrscht uns Menschen Angst vor anderen Menschen, Kulturen und Fähigkeiten. Immer weiter schreiben wir, Herrscher und Beherrschte, die Geschichte von Hass und Gewalt fort. Darum bitten wir: Christus, erbarme dich.

Offenbarung 2,1–7 :: Jesaja 61,1–11

---

9. Do

Ich bin der Herr. Was ich rede, das soll geschehen. — Hes. 12,25

Der Hauptmann ließ Jesus sagen: Ich habe mich selbst nicht für würdig geachtet, zu dir zu kommen; sondern sprich ein Wort, so wird mein Knecht gesund. — Lukas 7,7

Auf meinen lieben Gott trau ich in Angst und Not; der kann mich allzeit retten aus Trübsal, Angst und Nöten, mein Unglück kann er wenden, steht alls in seinen Händen. — 345,1 Lübeck 1603

2. Korinther 5,1–10 :: Jesaja 62,1–12

---

10. Fr

Es werden sich zum Herrn bekehren aller Welt Enden und vor ihm anbeten alle Geschlechter der Heiden. — Psalm 22,28

Weil Gott uns für wert geachtet hat, uns das Evangelium anzuvertrauen, darum reden wir, nicht, als wollten wir den Menschen gefallen, sondern Gott, der unsere Herzen prüft. — 1. Thess. 2,4

Du wollst in mir entzünden dein Wort, den schönen Stern, dass falsche Lehr und Sünden sein meinem Herzen fern. Hilf, dass ich dich erkenne und mit der Christenheit dich meinen König nenne jetzt und in Ewigkeit. — 71,6 Martin Behm

Lukas 22,66–71 :: Jesaja 63,7–16

---

11. Sa

Gott sprach zu Abraham: So haltet nun meinen Bund, du und deine Nachkommen von Geschlecht zu Geschlecht. — 1. Mose 17,9

Johannes 15,4 — Christus spricht: **Bleibt in mir und ich in euch.**

200,4 — Mein treuer Gott, auf deiner Seite bleibt dieser Bund wohl feste stehn; wenn aber ich ihn überschreite, so lass mich nicht verloren gehn; nimm mich, dein Kind, zu Gnaden an, wenn ich hab einen Fall getan.
                                    Johann Jakob Rambach
1. Thessalonicher 4,13–18 :: Jesaja 63,17–64,11

3. Sonntag im Advent

Jesaja 40,3.10 — Bereitet dem Herrn den Weg; denn siehe, der Herr kommt gewaltig.
Wochenlied: 10 :: Wochenpsalm: 85,2.7.10.12
Matthäus 11,2–6(7–10) :: 1. Korinther 4,1–5
Psalm 68,25–36
Predigt: Lukas 3,1–14

12. So

Psalm 102,26 — **Du hast vorzeiten die Erde gegründet, und die Himmel sind deiner Hände Werk.**

Kol. 1,16–17 — **Es ist alles durch ihn und zu ihm geschaffen. Und er ist vor allem, und es besteht alles in ihm.**

Dich, Christus, bete ich an. Du bist das sichtbare Bild Gottes. Du bist der Erste, der vor aller Schöpfung war. Du bist das Zeichen seiner Nähe, der älteste Bruder aller Geschöpfe. In dir lebt alles Lebendige. In dir besteht alles, was ist. Alles, was groß ist und was klein auf unserer Erde, ist dein Reich.

13. Mo

1. Mose 28,15 — **Ich will dich nicht verlassen, bis ich alles tue, was ich dir zugesagt habe.**

Lukas 2,30–31 — Simeon sprach: **Meine Augen haben deinen Heiland gesehen, den du bereitet hast vor allen Völkern, ein Licht, zu erleuchten die Heiden und zum Preis deines Volkes Israel.**

Bg 893,6 — Hast du nun gesehen, wie es Gott lässt gehen, was er ausgeführt, so fang an zu singen und dein Lob zu bringen, dem das Lob gebührt. Täglich neu ist seine Treu; drum such ihn in neuen Weisen täglich neu zu preisen.
                                    Herrnhut und Görlitz 1731
Matthäus 3,1–6 :: Jesaja 65,1–16(16a)

Dezember

14. **Als der Pharao sah, dass Regen, Donner und Hagel aufhörten, versündigte er sich weiter und verhärtete sein Herz.**   2. Mose 9,34
Di

Einer unter den Geheilten, als er sah, dass er gesund geworden war, kehrte er um und pries Gott mit lauter Stimme.   Lukas 17,15

Vergiss nicht zu danken dem ewigen Herrn, er hat dir viel Gutes getan. Bedenke, in Jesus vergibt er dir gern. Du kannst ihm, so wie du bist, nahn. Barmherzig, geduldig und gnädig ist er, viel mehr als ein Vater es kann. Er warf unsre Sünden ins äußerste Meer. Kommt, betet den Ewigen an.   Heino Tangermann
Matthäus 3,7–12 :: Jesaja 65,(16b)17–25

15. **Des Priesters Lippen sollen die Lehre bewahren, dass man aus seinem Munde Weisung suche; denn er ist ein Bote des Herrn.**   Maleachi 2,7
Mi

Gehorcht euren Lehrern und folgt ihnen, denn sie wachen über eure Seelen – und dafür müssen sie Rechenschaft geben –, damit sie das mit Freuden tun und nicht mit Seufzen; denn das wäre nicht gut für euch.   Hebräer 13,17

Du treuer Hausherr der Gemein, tritt selber unter uns herein, dass jede Seele dich erblick und sich zu deinem Willen schick. Auch ruf dir deine Diener namentlich und sprich zu jeglichem: Ich segne dich.   Bg 405
                                 Friedrich Wenzel Neißer
Matthäus 21,28–32 :: Jesaja 66,1–4

16. **Wer unvorsichtig herausfährt mit Worten, sticht wie ein Schwert; aber die Zunge der Weisen bringt Heilung.**   Sprüche 12,18
Do

Jesus spricht: **Aus deinen Worten wirst du gerechtfertigt werden, und aus deinen Worten wirst du verdammt werden.**   Matt. 12,37

Ich mache viele Worte, Herr Jesus Christus. Viel Gedankenloses ist dabei, Worte, die andere verletzen, Worte, die manchmal meine eigene Sprachlosigkeit überdecken. Sprich du dein Wort dagegen. Führe mich zum Innehalten und zum Nachdenken. Verzeih alle unvorsichtig gesagten Worte und schenke Worte der Vergebung und der Versöhnung.

Matthäus 11,(7–10)11–15 :: Jesaja 66,5–17

Sacharja 3,4 **Sieh her, ich nehme deine Sünde von dir und lasse dir Feierkleider anziehen.** 17. Fr

Luk. 15,22–24 **Der Vater sprach zu seinen Knechten: Bringt schnell das beste Gewand her und zieht es ihm an und gebt ihm einen Ring an seine Hand und Schuhe an seine Füße und bringt das gemästete Kalb und schlachtet's; lasst uns essen und fröhlich sein! Denn dieser mein Sohn war tot und ist wieder lebendig geworden.**

315,1–2 Ich will zu meinem Vater gehn heut am Tag. Er wird ein jedes Wort verstehn, das ich wag. Weil es noch ein Zuhause gibt, lauf ich hin. Ich weiß, dass mich mein Vater liebt, wie ich bin. Lotte Denkhaus

Lukas 1,26–38 :: Jesaja 66,18–24

Psalm 111,9 **Er sendet eine Erlösung seinem Volk; er verheißt, dass sein Bund ewig bleiben soll.** 18. Sa

Epheser 1,7 **In Jesus Christus haben wir die Erlösung durch sein Blut, die Vergebung der Sünden, nach dem Reichtum seiner Gnade.**

Sieh nicht, wie arm du Sünder bist, der du dich selbst beraubtest. Sieh auf den Helfer Jesus Christ! Und wenn du ihm nur glaubtest, dass nichts als sein Erbarmen frommt und dass er dich zu retten kommt, darfst du der Schuld vergessen, sei sie auch unermessen.

Jochen Klepper

1. Thessalonicher 5,16–24 :: Lukas 1,1–17

Dezember — 142

4. Sonntag im Advent

Freuet euch in dem Herrn allewege, und abermals sage ich: Freuet euch! Der Herr ist nahe! — Phil. 4,4.5b

Wochenlied: 9 :: Wochenpsalm: 102,14.16.20–21
Lukas 1,(39–45)46–55(56) :: Philipper 4,4–7 :: Psalm 130
Predigt: Lukas 1,26–33(34–37)38

---

19. So Nähme ich Flügel der Morgenröte und bliebe am äußersten Meer, so würde auch dort deine Hand mich führen und deine Rechte mich halten. — Ps. 139,9–10

Freuet euch in dem Herrn allewege, und abermals sage ich: Freuet euch! Der Herr ist nahe! — Phil. 4,4.5

Jesu, wie soll ich dir danken? Ich bekenne, dass von dir meine Seligkeit herrühr, so lass mich von dir nicht wanken. Nimm mich dir zu eigen hin, so empfindet Herz und Sinn Freude, Freude über Freude: Christus wehret allem Leide. Wonne, Wonne über Wonne: Christus ist die Gnadensonne. — Christian Keimann — 34,3

---

20. Mo Herr, erhebe dich in deiner Kraft, so wollen wir singen und loben deine Macht. — Psalm 21,14

Jesus sprach: Ich preise dich, Vater, Herr des Himmels und der Erde, weil du dies den Weisen und Klugen verborgen hast und hast es den Unmündigen offenbart. — Lukas 10,21

Glaube ist der Vogel, welcher singt, wenn die Nacht noch dunkel ist. — Rabindranath Tagore

Offenbarung 5,1–5 :: Lukas 1,18–25

---

21. Di Ich will die Übertreter deine Wege lehren, dass sich die Sünder zu dir bekehren. — Psalm 51,15

Das ist das Gericht, dass das Licht in die Welt gekommen ist. — Johannes 3,19

Alle Nächte zu zerstreuen, lieber Heiland, bist du da. So wird alle Welt gedeihen, was da fern ist und was nah, bis vom Lichte wird erfüllt, was gemacht nach Gottes Bild. — Johann Christoph Blumhardt — Bg 1055,2

Offenbarung 3,7.8.10.11(12) :: Lukas 1,26–38

Sacharja 8,23	**Wir wollen mit euch gehen, denn wir hören, dass Gott mit euch ist.**	22. Mi
Matt. 2,19.20	**Der Engel des Herrn erschien dem Josef im Traum in Ägypten und sprach: Steh auf, nimm das Kindlein und seine Mutter mit dir und zieh hin in das Land Israel; sie sind gestorben, die dem Kindlein nach dem Leben getrachtet haben.**	
143,8	Wir danken dir, Herr Jesu Christ, dass du der Herr der Engel bist und uns die Wächter sendest. Erhalte uns in deiner Hut und rette uns, Herr, durch dein Blut, wenn du den Streit beendest.	

Detlev Block nach Philipp Melanchthon
Offenbarung 22,16.17.20.21 :: Lukas 1,39–56

Jesaja 50,9	**Siehe, Gott der Herr hilft mir; wer will mich verdammen?**	23. Do
Lukas 1,38	**Maria sprach: Siehe, ich bin des Herrn Magd; mir geschehe, wie du gesagt hast.**	

Ich lobe dich, Herr, errettet durch deine Barmherzigkeit. Ich lobe dich, Herr, geehrt durch deine Erniedrigung. Ich lobe dich, Herr, geführt durch deine Milde. Ich lobe dich, Herr, regiert durch deine Weisheit. Ich lobe dich, Herr, beschirmt durch deine Gewalt. Ich lobe dich, Herr, geheiligt durch deine Gnade. Ich lobe dich, Herr, erleuchtet durch dein inneres Licht. Ich lobe dich, Herr, erhöht durch deine Güte.   Mechthild von Magdeburg
Römer 15,8–13 :: Lukas 1,57–66

Heiliger Abend

Lied: 27 :: Psalm: 2,7–8.10–11
Matthäus 1,(1–17)18–21(22–25) :: Römer 1,1–7
Lukas 1,67–80
Predigt: 2. Samuel 7,4–6.12–14a

Psalm 8,6	**Du hast den Menschen wenig niedriger gemacht als Gott, mit Ehre und Herrlichkeit hast du ihn gekrönt.**	24. Fr
1. Joh. 4,10	**Darin besteht die Liebe: nicht dass wir Gott geliebt haben, sondern dass er uns geliebt hat und gesandt seinen Sohn zur Versöhnung für unsre Sünden.**	

> Heut schließt er wieder auf die Tür zum schönen Para- 27,6
> deis; der Cherub steht nicht mehr dafür. Gott sei Lob,
> Ehr und Preis! Nikolaus Herman

WEIHNACHTSFEST

Das Wort ward Fleisch und wohnte unter uns, und wir sahen seine Herrlichkeit. Joh. 1,14a
 Lied: 23 :: Psalm: 96,1–3.9
 Lukas 2,(1–14)15–20 :: Titus 3,4–7 :: Lukas 2,1–14
 Predigt: Micha 5,1–4a

25. **Du sollst kein falsches Gerücht verbreiten.** 2. Mose 23,1
Sa **Als die Hirten es aber gesehen hatten, breiteten sie das Wort aus, das zu ihnen von diesem Kinde gesagt war.** Lukas 2,17

> Gib deinen Hirten Kraft und Geist zu reiner Lehr und
> Leben, dein Wort, das Gottes Weide heißt, der Herde
> rein zu geben; lass alle Hörer Täter sein, damit kein
> heuchlerischer Schein des Glaubens Kraft verleugne.
> Heinrich Kornelius Hecker

2. WEIHNACHTSTAG

 Lied: 23 oder 38 :: Psalm: 96,1–3.9
 Johannes 1,1–5(6–8)9–14 :: Hebräer 1,1–3(4–6)
 Lukas 2,15–20
 Predigt: Johannes 8,12–16

26. **Der Herr ist gerecht in allen seinen Wegen und gnä-** Psalm 145,17
So **dig in allen seinen Werken.**

Die Prophetin Hanna trat auch hinzu zu derselben Stunde und pries Gott und redete von ihm zu allen, die auf die Erlösung Jerusalems warteten. Lukas 2,38

> Gott, du Grund der Freude, du hast durch die Geburt
> Jesu einen hellen Schein in unsere dunkle Welt gege-
> ben. Hilf, dass dieses Licht auch uns erleuchtet. Lass es
> widerstrahlen in allem, was wir tun.

27. **Der Herr hat mir ein neues Lied in meinen Mund ge-** Psalm 40,4
Mo **geben, zu loben unsern Gott.**

Lukas 2,20 **Die Hirten kehrten wieder um, priesen und lobten Gott für alles, was sie gehört und gesehen hatten.**

19,3 O komm, o Herr, bleib bis ans End, bis dass uns nichts mehr von dir trennt, bis dich, wie es dein Wort verheißt, der Freien Lied ohn Ende preist. Freut euch, freut euch, der Herr ist nah. Freut euch und singt Halleluja.
Otmar Schulz nach Henry Sloane Coffin

1. Johannes 2,5–10(11) :: Lukas 2,21–24

---

2. Mose 33,20 **Der Herr sprach zu Mose: Mein Angesicht kannst du nicht sehen; denn kein Mensch wird leben, der mich sieht.**

28. Di

Hebräer 11,1 **Es ist aber der Glaube eine feste Zuversicht auf das, was man hofft, und ein Nichtzweifeln an dem, was man nicht sieht.**

Wir harren, Christ, in dunkler Zeit; gib deinen Stern uns zum Geleit auf winterlichem Feld. Du kamest sonst doch Jahr um Jahr; nimm heut auch unsrer Armut wahr in der verworrenen Welt. Es geht uns nicht um bunten Traum von Kinderlust und Lichterbaum; wir bitten, blick uns an und lass uns schaun dein Angesicht, drin jedermann, was ihm gebricht, gar leicht verschmerzen kann. Rudolf Alexander Schröder

Offenbarung 7,1–4.9–12 :: Lukas 2,25–35

Jeremia 31,28 **Gleichwie ich über sie gewacht habe, auszureißen und einzureißen, so will ich über sie wachen, zu bauen und zu pflanzen, spricht der Herr.**

29. Mi

Jakobus 5,7 **Seid nun geduldig, bis zum Kommen des Herrn. Siehe, der Bauer wartet auf die kostbare Frucht der Erde und ist dabei geduldig, bis sie empfange den Frühregen und Spätregen.**

247,4 Wir haben niemand, dem wir uns vertrauen, vergebens ist's, auf Menschenhilfe bauen. Wir traun auf dich, wir schrein in Jesu Namen: Hilf, Helfer! Amen.
Johann Heermann

1. Johannes 4,11–16a :: Lukas 2,36–40

Dezember

30. **Gott wird alle Werke vor Gericht bringen, alles, was** — Prediger
Do **verborgen ist, es sei gut oder böse.** 12,14

Darin ist erschienen die Liebe Gottes unter uns, dass 1. Joh. 4,9
Gott seinen eingebornen Sohn gesandt hat in die
Welt, damit wir durch ihn leben sollen.

O Vater, steh uns gnädig bei, weil wir sind im Elende, 318,8
dass unser Tun aufrichtig sei und nehm ein löblich
Ende; o leucht uns mit deim hellen Wort, dass uns an
diesem dunklen Ort kein falscher Schein verblende.
Michael Weiße

Hebräer 1(5.6)7–14 :: Lukas 2,41–52

ALTJAHRSABEND

Barmherzig und gnädig ist der Herr, geduldig und von — Psalm 103,8
großer Güte.
Lied: 59 oder 64 :: Psalm: 121,1–3.7–8
Lukas 12,35–40 :: Römer 8,31b–39 :: Psalm 2
Predigt: Jesaja 30,(8–14)15–17

---

31. **Er dachte an uns, als wir unterdrückt waren, denn** — Psalm 136,23
Fr **seine Güte währet ewiglich.**

Wenn euch nun der Sohn frei macht, so seid ihr — Joh. 8,36
wirklich frei.

Nun lasst uns gehn und treten mit Singen und mit Be- 58,1-2
ten zum Herrn, der unserm Leben bis hierher Kraft
gegeben. Wir gehn dahin und wandern von einem Jahr
zum andern, wir leben und gedeihen vom alten bis
zum neuen.
Paul Gerhardt

DIE HERRNHUTER BRÜDERGEMEINE

Die Herrnhuter Brüdergemeine ist eine kleine, aus den Böhmischen Brüdern und dem Pietismus entstandene evangelische Freikirche. Sie wurde durch die *Losungen* und durch ihre *weltweite Missionsarbeit* bekannt.

Interessenten, die mehr über die **Losungen** oder über die **Herrnhuter Brüdergemeine** erfahren möchten, können sich wenden an:
  Evang. Brüder-Unität, Postfach 21, 02745 Herrnhut,
  Tel. (03 58 73) 48 7-0, Fax -99, E-Mail: info@ebu.de, oder an:
  Evang. Brüder-Unität, Badwasen 6, 73087 Bad Boll,
  Tel. (0 71 64) 9 42 1-0, Fax -99, E-Mail: brueder-unitaet@bb.ebu.de
Bei diesen beiden Anschriften können auch einzelne **Losungstexte früherer Jahrgänge** bezogen werden. Dort erhalten Sie ebenfalls Informationen über unsere **Losungsreisen** nach Herrnhut.
Informationen über die Losungen erhalten Sie auch im **Internet**: www.losungen.de. Im Buchhandel ist das **Buch** »Die Losungen der Herrnhuter Brüdergemeine. Geschichte, Entstehung, Verbreitung, Gebrauch« erhältlich.

Für **Informationen über Herrnhut** und für **Führungen** steht die Gästearbeit zur Verfügung:

  Brüdergemeine Herrnhut, Gästearbeit, Zinzendorfplatz 1,
  02747 Herrnhut, Tel. (03 58 73) 3 06 77, Fax 3 06 76,
  E-Mail: gaestearbeit@bruedergemeine-herrnhut.de

  Das Tagungs- und Erholungsheim lädt **Gruppen und Einzelgäste** zu einem Aufenthalt ein: Tagungs- und Erholungsheim, Comeniusstraße 8, 02747 Herrnhut, Tel. (03 58 73) 338-40, Fax -59,
  E-Mail: erholungsheim.herrnhut@t-online.de

Auch das Haus »Sonnenschein« in Ebersdorf/Thüringen nimmt **Gruppen und Einzelgäste** auf:
Rüstzeitenheim »Sonnenschein«, Lobensteiner Straße 13, 07368 Ebersdorf, Tel. (03 66 51) 8 71 42, Fax 38 57 95, E-Mail: rzs@ebu.de

Die unten aufgeführten **Pfarrämter** der Brüdergemeine veranstalten regelmäßig Treffen für Freunde und Interessierte unserer Kirche und erteilen gerne weitere Auskünfte über ihre Arbeit.

01127 Dresden, Oschatzer Straße 41, Tel. (03 51) 848 98 04
02625 Bautzen-Kleinwelka, Zinzendorfplatz 5, Tel. (03 59 35) 2 08 19
02747 Herrnhut, Comeniusstraße 3, Tel. (03 58 73) 33 604
02906 Niesky, Zinzendorfplatz 2, Tel. (0 35 88) 20 29 95
03046 Cottbus, Straße der Jugend 94, Tel. (0355) 494 67 82
03149 Forst, Blumenstraße 3, Tel. (0 35 62) 80 14

07929 Saalburg-Ebersdorf, Lobensteiner Straße 16,
       Tel. (03 66 51) 8 70 06
08058 Zwickau, Clara-Zetkin-Straße 20, Tel. (0375) 30 20 32
10115 Berlin, Große Hamburger Straße 28, Tel. (030) 28 39 19 48
12043 Berlin, Kirchgasse 14/17, Tel. (0 30) 68 80 91 22
22087 Hamburg, Armgartstraße 20, Tel. (0 40) 2 29 99 65
33607 Bielefeld, Lohkampstraße 7, Tel. (05 21) 6 59 27
39249 Gnadau, Barbyer Straße 6, Tel. (0 39 28) 40 00 50
40549 Düsseldorf, Gustorfer Straße 22, Tel. (021 32) 75 76 61
49824 Neugnadenfeld, Herrnhuter Ring 22, Tel. (0 59 44) 18 00
56564 Neuwied, Friedrichstraße 43, Tel. (0 26 31) 89 98 21/22
60487 Frankfurt/Main, Mulanskystraße 21, Tel. (0 69) 70 98 31
73087 Bad Boll, Herrnhuter Weg 6, Tel. (0 71 64) 91 25 50
78126 Königsfeld, Zinzendorfplatz 2 und 9,
       Tel. (0 77 25) 93 82 18 und 93 82 20
99192 Neudietendorf, Kirchstraße 13, Tel. (03 62 02) 9 03 73

Die Herrnhuter Brüdergemeine bietet auch **Erziehungs- und Ausbildungsmöglichkeiten** an:
Gymnasium, Realschule und berufliche Schulen (mit Internaten) in Königsfeld/Schwarzwald, Tel. 0 77 25/93 81 60
Gymnasium und Realschule in Tossens an der Nordsee,
Tel. 0 47 36/929 50
Förderschule in Herrnhut/Sachsen, Tel. 035873/460

Die Brüdergemeine unterhält auch eigene **Wirtschaftsbetriebe.** Dazu gehören unter anderem:
Herrnhuter Sterne GmbH (Produktion und Vertrieb von Herrnhuter Adventssternen), Oderwitzer Straße 8, 02747 Herrnhut,
Tel. 03 58 73/24 93, Fax 2751, E-Mail: info@herrnhuter-sterne.de
Comenius-Buchhandlung, Comeniusstraße 2, 02747 Herrnhut,
Tel. 03 58 73/22 53, Fax 40544, E-Mail: comenius-buchhandlung@ebu.de
Abraham Dürninger & Co. (Großhandel für kirchlichen Bedarf), Oderwitzer Straße 12, 02747 Herrnhut, Tel. 03 58 73/411-11, Fax 411-10,
E-Mail: info@duerninger.com

Gaben und Beiträge für die weltweite Arbeit der Evangelischen Brüder-Unität in Mission und Diakonie (u. a. für die Verbreitung der Losungen) können auf folgende Konten eingezahlt werden:

für die Arbeit der Brüdergemeine:
    Ev. Kreditgenossenschaft e.G., Stuttgart, BLZ 600 606 06,
    Kto. Nr. 41 59 28 »Losungsspende«
für die Missionsarbeit:
    Ev. Kreditgenossenschaft e.G., Stuttgart, BLZ 600 606 06,
    Kto. Nr. 41 51 03 »Herrnhuter Missionshilfe«

Kreissparkasse Löbau-Zittau, BLZ 855 502 00,
Kto. Nr. 300 003 85 49,
»*Freundeskreis Brüder-Unität*«, 02745 Herrnhut

für zwei große diakonische Einrichtungen:
»*Herrnhuter Diakonie*«, 02745 Herrnhut
Kreissparkasse Zittau-Löbau, BLZ 855 502 00,
Kto. Nr. 300 005 7977
Diakonissenanstalt »Emmaus«, 02906 Niesky
Bank für Kirche und Diakonie, Duisburg, BLZ 350 601 90,
Kto. Nr. 155 159 4013
Niederschles. Sparkasse Niesky, BLZ 850 501 00,
Kto. Nr. 0041 003 152

Gebetswacht

Das Losungsbuch hat Leser auf allen Kontinenten gefunden. Wir können uns daher mit Menschen der verschiedensten Kulturen und Sprachen im Hören und Bedenken des jeweiligen Gotteswortes verbunden fühlen. Verbunden sind wir auch im Gebet zu unserm gemeinsamen Herrn und Heiland.

In der Brüdergemeine hat sich dafür eine besondere Form herausgebildet, die **Unitätsgebetswacht.** Die Wurzeln dieser Gebetswacht liegen im Stundengebet des alten Herrnhut. Damals fanden sich Brüder und Schwestern bereit, an allen Stunden des Tages im Gebet vor den Herrn zu treten. Diese Gebetsform wurde in der Mitte des 20. Jahrhunderts neu belebt. Alle Provinzen der Brüder-Unität sind jetzt an diesem Gebet beteiligt, sodass eine Gebetskette entstanden ist, die jeweils vom 1. Januar bis zum 31. Dezember eines jeden Jahres reicht. Die nachfolgende Übersicht zeigt den Verlauf der Gebetskette durch das Jahr.

1.–18. Januar: USA, Südprovinz • *19.–23. Januar:* Costa Rica • *24.–31. Januar:* Guyana • *1.–7. Februar:* Tschechische Republik • *8.–25. Februar:* Surinam • *26. Februar–14. März:* Tansania, Westprovinz, und Kongo • *15.–22. März:* Alaska • *23.–31. März:* Europäisch-Festländische Brüder-Unität und Sternberg • *1.–14. April:* Westindien-Ost • *15.–19. April:* Labrador • *20. April–7. Mai:* Jamaika, Kuba und Grand Cayman • *8.–25. Mai:* Honduras • *26. Mai–25. Juni:* Südafrika • *26. Juni–9. Juli:* Großbritannien und Nordindien • *10.–23. Juli:* Tansania, Rukwa-Provinz • *24. Juli–6. September:* Tansania, Südprovinz, und Malawi • *7. September–5. Oktober:* Nikaragua • *6. Oktober–30. November:* Tansania, Südwestprovinz, und Zambia • *1.–31. Dezember:* USA, Nordprovinz

QUELLENVERZEICHNIS 2004

2.1. Rechte: Carus-Verlag, Stuttgart
5.1. Aus der Weltgebetstagsliturgie Indonesien 2000, Deutsches Weltgebetstagskomitee, S. 4–5
7.1. Rechte: Verlag Merseburger, Kassel
8.1. Jesus Christus, das Leben der Welt. Gebete und Litaneien, Ökumenischer Rat der Kirchen, Genf 1987, S. 102
10.1. Rechte: tvd-Verlag, Düsseldorf (EG Württemberg, Nr. 658,1)
11.1. EG Baden/Elsass/Lothringen, Zwischentext nach Nr. 70
13.1. Janusz Korczak, Verteidigt die Kinder! Gütersloher Verlagshaus GmbH, Gütersloh, S. 107
14.1. EG Rheinland/Westfalen/Lippe, Nr. 646,8
18.1. Bernhard von Clairvaux, siehe 11.1., Nr. 0.68
26.1. unveröffentlichtes Manuskript
29.1. Zit. nach: Fußnoten 2001. Liederheft, Strube Verlag GmbH, München-Berlin, Nr. 3,1
1.2. Rechte: Verlag Merseburger, Kassel
2.2. Rechte: Hänssler Verlag, D-71087 Holzgerlingen (EG Niedersachsen/Bremen, Nr. 575,3)
4.2. Fr. K. Barth/G. Grenz/P. Horst (Hrsg.), Gottesdienst menschlich, Peter Hammer Verlag Wuppertal, Gesamtausgabe 1990, S. 213
7.2. Nach Günter Ruddat, siehe 29.1., Nr. 88
11.2. Rechte: Hänssler Verlag, D-71087 Holzgerlingen
12.2. EG Bayern/Thüringen, Nr. 608,1
15.2. unveröffentlichtes Manuskript
17.2. EG Württemberg, Zwischentext nach Nr. 668
19.2. Rechte: Gustav Bosse Verlag, Kassel (EG Hessen/Nassau, Nr. 627,3)
21.2. Rechte: Verlag Merseburger, Kassel
22.2. Rechte: Strube Verlag GmbH, München-Berlin (EG Ausgabe Österreich, Nr. 605,1)
25.2. Detlev Block, In deinen Schutz genommen. Geistliche Lieder, Vandenhoeck & Ruprecht, Göttingen 2001, S. 12
28.2. Rechte: Strube Verlag GmbH, München-Berlin (EG Hessen/Nassau, Nr. 584,2–3)
2.3. Antoine de Saint-Exupéry, Karl Rauch Verlag, Düsseldorf
3.3. Nach: Wenn Himmel und Erde sich berühren, Hrsg. Brigitte Enzner-Probst u. a., Chr. Kaiser/Gütersloher Verlagshaus GmbH, Gütersloh 1993, S. 118
5.3. unveröffentlichtes Manuskript
6.3. Rechte: Carus-Verlag, Stuttgart
8.3. Aus: Jörg Zink, Wie wir beten können, Kreuz Verlag, Stuttgart 1970, S. 37
10.3. Evang. und Kath. Studentengemeinde Bonn 1966, Wir wollen dir dienen, Friedrich Wittig Verlag, Hamburg (EG Ausgabe Österreich, Nr. 661,2)
11.3. Rechte: Verlag Merseburger, Kassel
13.3. Rechte: Nachfolger Hartmut Handt (EG Niedersachsen/Bremen, Nr. 580)
15.3. Uwe Seidel, Wecke mich auf (Ich möchte aus den Gräben steigen), tvd-Verlag, Düsseldorf
18.3. Rechte: Evangelischer Sängerbund, Wuppertal
21.3. Sabine Nägeli, Die Nacht ist voller Sterne. Gebete in dunklen Stunden, Verlag Herder, Freiburg 16. Gesamtauflage 2003
28.3. Eugen Eckert, Meine engen Grenzen, meine kurze Sicht, Studio Union im Lahn Verlag, Kevelaer (EG Hessen/Nassau, Nr. 584,2–3)
2.4. siehe 11.1., Zwischentext nach Nr. 124
5.4. siehe 11.1., Nr. 574,5
6.4. Rechte: Mundorgel Verlag, Köln/Waldbröl
7.4. Nach Frère Roger, in: Tag mit Gott, Hrsg. Klaus Meyer zu Uptrup, Steinkopf Verlag, Stuttgart 1979, S. 74
10.4. Schlusschor aus der Passionskantate nach dem Johannesevangelium von Georg Friedrich Händel
11.4. Georg Ratcliffe Woodward, Der schöne Ostertag!
17.4. Rechte: Chr. Kaiser/Gütersloher Verlagshaus, Gütersloh
18.4. Rechte: Bärenreiter Verlag, Kas-

	sel (EG Hessen/Nassau, Nr. 578,6)
19.4.	Carl Friedrich von Weizsäcker, siehe 12.2., Zwischentext nach Nr. 283
20.4.	unveröffentlichtes Manuskript
21.4.	Rechte: beim Autor
22.4.	Rechte: Carus-Verlag, Stuttgart
23.4.	siehe 12.2., Zwischentext nach Nr. 242
24.4.	Rechte: Lutherischer Weltbund, Genf
25.4.	siehe 11.4.
27.4.	Rechte: Bärenreiter Verlag, Kassel
29.4.	Rechte: Strube Verlag GmbH, München-Berlin (EG Nordelbien, Nr. 600,1)
30.4.	Rechte: Strube Verlag GmbH, München-Berlin
1.5.	siehe 10.1., Zwischentext nach Nr. 85
8.5.	Dir o Herr, sei Lob gesungen. Mit Comenius singen und beten, Hrsg. Theodor Gill, Herrnhut 1992, S. 27
9.5.	Rechte: verwaltet durch Verlag Junge Gemeinde Leinfelden Echterdingen
11.5.	siehe 18.3.
13.5.	unveröffentlichtes Manuskript
16.5.	Augustinus, s. 10.1., Zwischentext nach Nr. 321
19.5.	Geborgen im Lauf der Zeit. Gebete für alle Tage, Hrsg. Christian Zippert, Chr. Kaiser/Gütersloher Verlagshaus GmbH, Gütersloh 1992, S. 151
21.5.	unveröffentlichtes Manuskript
26.5.	Ökumenische Gebete bearbeitet von Karl Schlemmer, Hrsg. Reinhard Mumm, Pustet Verlag, Regensburg 1991, S. 69
30.5.	Rechte beim Autor (EG Bayern/Thüringen Nr. 563,2–3)
31.5.	Rechte: Lothar Zenetti (Postkarte Nr. 2993, Kunstverlag Maria Laach)
1.6.	Mit dem halben Herzen. Gebete aus der Ökumene II, Evangelisches Missionswerk, Hamburg, S. 31
3.6.	siehe 12.2., Nr. 584,2
4.6.	Rechte: Strube Verlag GmbH, München-Berlin
5.6.	siehe 14.1., Nr. 683,1.2
6.6.	siehe 19.5., S. 99
10.6.	Von allen Seiten umgibst du mich. Gebete aus der Ökumene I, Evangelisches Missionswerk, Hamburg, S. 61
12.6.	siehe 12.2., Nr. 643,1
13.6.	siehe 12.2., Nr. 584,3
14.6.	Rechte: Strube Verlag GmbH, München-Berlin (EG Bayern/Thüringen Nr. 579,3)
15.6.	Postkarte 2194, Kunstverlag Maria Laach
16.6.	Mörike, Gedichte, Reclam Verlag, Stuttgart 1977, S. 81
17.6.	Rechte: Vandenhoeck & Ruprecht, Göttingen (EG Baden Elsass/Lothringen, Nr. 592,4)
18.6.	Rechte: Strube Verlag GmbH, München-Berlin
19.6.	Walter Heinecke, Du hast uns, Herr, in dir verbunden
20.6.	unveröffentlichtes Manuskript
26.6.	Rechte: Strube Verlag GmbH, München-Berlin (EG Niedersachsen/Bremen, Nr. 599,4.6)
30.6.	Jörg Zink, Wie wir beten können, Kreuz Verlag, Stuttgart 2002, S. 159
1.7.	Dietrich Bonhoeffer, Widerstand und Ergebung, Chr. Kaiser/Gütersloher Verlagshaus GmbH, Gütersloh
3.7.	Rechte: Carus-Verlag, Stuttgart (EG Niedersachsen/Bremen, Nr. 618,3)
8.7.	EG Kurhessen-Waldeck, Nr. 0.16
9.7.	unveröffentlichtes Manuskript
11.7.	Rechte: Strube Verlag GmbH, München-Berlin
12.7.	Rechte: Verlag Singende Gemeinde, Wuppertal
13.7.	Rechte: Carus-Verlag, Stuttgart
15.7.	Hans-Joachim Eckstein, aus: Du liebst mich, also bin ich, Hänssler Verlag, D-71087 Holzgerlingen 2001, S. 44, © Hans-Joachim Eckstein
16.7.	siehe 6.3.
18.7.	Hans-Joachim Eckstein, aus: Ich habe meine Mitte in dir, Hänssler Verlag, D-71087 Holzgerlingen, S. 26, © Hans-Joachim Eckstein
20.7.	siehe 9.5.
25.7.	EG Ausgabe Reformierte Kirche, zu Psalm 51, 3. Strophe
27.7.	unveröffentlichtes Manuskript
30.7.	siehe 12.2., Zwischentext nach Nr. 586
31.7.	Glaubensbekenntnis zur Eröffnung der Dekade «Solidarität der Kirchen mit den Frauen»,

	Ruth Ahl (Hrsg.), Frauen beten ... mit eigener Zunge, Verlag Herder, Freiburg 1. Aufl. 1991, S. 107
2.8.	Detlev Block, Erde, atme auf. Geistliche Lieder, Vandenhoeck & Ruprecht, Göttingen 2001, S. 134
6.8.	unveröffentlichtes Manuskript
7.8.	siehe 9.5.
8.8.	siehe 10.1., Nr. 588,5
10.8.	unveröffentlichtes Manuskript
12.8.	siehe 25.2., S. 134
16.8.	siehe 13.7.
18.8.	Christoph von Lowtzow, Konkret beten, J. F. Steinkopf Verlag GmbH, Kiel 1996, S. 36
20.8.	Rechte: Gustav Bosse Verlag, Kassel (EG Baden Elsass/Lothringen, Nr. 647,2)
21.8.	unveröffentlichtes Manuskript
23.8.	Rechte: Verlag Merseburger, Kassel
24.8.	Rechte: Strube Verlag GmbH, München-Berlin
26.8.	siehe 11.1., Nr. 0.65
28.8.	Rechte: Hänssler-Verlag, D-71087 Holzgerlingen (EG Bayern/Thüringen, Nr. 659,2.4)
30.8.	siehe 18.6.
2.9.	Hanna Arlt, Im Fallen gehalten. Gedanken und Gedichte
4.9.	Lindolfo Weingärtner, Netze der Hoffnung. Gedichte und Betrachtungen aus Brasilien, Erlanger Verlag für Mission und Ökumene, Erlanger Taschenbücher, Band 55, S. 83
7.9.	Jochen Klepper, Unter dem Schatten deiner Flügel, Deutsche Verlags-Anstalt GmbH Stuttgart/München, 1956
13.9.	Karl Scherer, siehe 7.4.
17.9.	Rechte: Strube Verlag GmbH, München-Berlin (EG Bayern/Thüringen, Nr. 592)
18.9.	Helmut Millauer, siehe 12.2., Nr. 635,3
20.9.	siehe 18.8., S. 55
21.9.	siehe 11.1., Zwischentext nach Nr. 160
23.9.	unveröffentlichtes Manuskript
24.9.	Christa Spilling-Nöker, Der Himmel ist in dir. Segensworte, Verlag am Eschbach der Schwabenverlag AG, Eschbach/Markgräflerland, 11. Aufl. 2002
26.9.	Rechte: Friedrich Wittig Verlag, Hamburg (EG Nordelbien, Nr. 619,1–2)
1.10.	siehe 14.1., Zwischentext nach Nr. 655
2.10.	Karl Barth, © Theologischer Verlag Zürich (EG Rheinland/Westfalen/Lippe, Zwischentext nach Nr. 196)
3.10.	Rechte: Christophorus-Verlag, Freiburg
6.10.	siehe 10.1., Nr. 622,3
10.10.	Rechte: Luther-Verlag GmbH, Bielefeld
11.10.	Rechte: Claudia Mitscha-Eibl, Korneuburg (A) (Mirjam-Lied) (EG Württemberg, Nr. 604,3)
12.10.	Rechte: Strube Verlag GmbH, München-Berlin
17.10.	Rechte: Verlag Merseburger, Kassel
18.10.	siehe 18.8., S. 62
19.10.	siehe 11.1., Nr. 640,2
22.10.	Rechte: Vandenhoeck & Ruprecht, Göttingen (EG Bayern/Thüringen, Nr. 561,4)
24.10.	siehe 15.7., S. 126
27.10.	Dietrich Bonhoeffer, Worte für jeden Tag, Hrsg. M. Weber, Chr. Kaiser/Gütersloher Verlagshaus GmbH, Gütersloh 1995, S. 19
1.11.	siehe 10.1., Zwischentext nach Nr. 243
3.11.	siehe 17.10.
4.11.	siehe 14.1., Zwischentext nach Nr. 76
5.11.	siehe 12.2., Zwischentext nach Nr. 181,5
9.11.	Nach Friedrich Hölderlin, siehe 10.1., Zwischentext nach Nr. 399
10.11.	Rechte: Friedrich Dörr, Eichstätt (EG Bayern/Thüringen Nr. 540,2)
11.11.	Marie-Luise Langwald, Frauengedanken. Meditationen, Patris Verlag GmbH, Vallendar 1990, S. 15
12.11.	Rechte: Strube Verlag GmbH, München-Berlin
16.11.	Rechte: Verlag Merseburger, Kassel
18.11.	siehe 12.2., Nr. 668,5
19.11.	siehe 21.3.
24.11.	siehe 16.11.
25.11.	EG Ausgabe Württemberg, Zwischentext nach Lied Nr. 631
27.11.	siehe 11.1., Nr. 0.67
28.11.	Rechte: Martinus-Verlag, Darmstadt (EG Bayern/Thüringen, Zwischentext nach Nr. 1)
2.12.	siehe 14.1., Zwischentext nach Nr. 136
3.12.	unveröffentlichtes Manuskript

7.12. siehe 14.1., Nr. 629,1
8.12. Nach Vera Sabine Winkler, in: Du Gott, Freundin der Menschen, Hrsg. Heidi Rosenstock und Hanne Köhler, Kreuz Verlag, Stuttgart 1991, S. 50
12.12. Nach Jörg Zink, in: Jörg Zink und Hans-Jürgen Hufeisen, Feier der Schöpfung, Kreuz Verlag, Stuttgart 1993, S. 35
14.12. Rechte: Mundorgel Verlag, Köln (EG Württemberg, Nr. 608,1)
16.12. unveröffentlichtes Manuskript
17.12. Rechte: Strube Verlag GmbH, München-Berlin
18.12. Rechte: Verlag Merseburger, Kassel
20.12. siehe 12.2., Zwischentext nach Nr. 11
22.12. Rechte: Gütersloher Verlagshaus, Gütersloh
23.12. siehe 11.1., Zwischentext nach Nr. 308
25.12. siehe 12.2., Nr. 537,5
26.12. siehe 11.1., Zwischentext nach Nr. 35
27.12. Rechte: Verlag Singende Gemeinde, Wuppertal
28.12. R. A. Schröder, Gesammelte Werke, Band 1: Die Gedichte, Suhrkamp Verlag, Frankfurt 1952

Verwendung der Zürcher Übersetzung
a) in den Losungen: 11.1., 22.1., 25.1., 10.4., 11.5., 22.5., 6.7., 21.7., 12.8., 26.8., 6.9., 13.10., 14.11., 24.11.
b) in den Lehrtexten: 25.3., 25.8.

Verwendung der Einheitsübersetzung
Monatssprüche: Januar, März, Mai, Juni, Oktober, November

KALENDARIUM 2004

JANUAR		FEBRUAR		MÄRZ		APRIL		MAI		JUNI	
1	Neujahr	1	**Letzter So. nach Epiphanias**	1	Mo	1	Do	1	Sa	1	Di
2	Fr	2	Mo	2	Di	2	Fr	2	**Jubilate**	2	Mi
3	Sa	3	Di	3	Mi	3	Sa	3	Mo	3	Do
4	**2. So. nach Weihnachten**	4	Mi	4	Do	4	**Palmsonntag**	4	Di	4	Fr
5	Mo	5	Do	5	Fr	5	Mo	5	Mi	5	Sa
6	**Epiphanias**	6	Fr	6	Sa	6	Di	6	Do	6	**Trinitatis**
7	Mi	7	Sa	7	**Reminiscere**	7	Mi	7	Fr	7	Mo
8	Do	8	**Septuagesimae**	8	Mo	8	**Gründonnerstag**	8	Sa	8	Di
9	Fr	9	Mo	9	Di	9	**Karfreitag**	9	**Cantate**	9	Mi
10	Sa	10	Di	10	Mi	10	Sa	10	Mo	10	Do
11	**1. So. n. Epiphanias**	11	Mi	11	Do	11	**Osterfest**	11	Di	11	Fr
12	Mo	12	Do	12	Fr	12	**Ostermontag**	12	Mi	12	Sa
13	Di	13	Fr	13	Sa	13	Di	13	Do	13	**1. So. n. Trinitatis**
14	Mi	14	Sa	14	**Oculi**	14	Mi	14	Fr	14	Mo
15	Do	15	**Sexagesimae**	15	Mo	15	Do	15	Sa	15	Di
16	Fr	16	Mo	16	Di	16	Fr	16	**Rogate**	16	Mi
17	Sa	17	Di	17	Mi	17	Sa	17	Mo	17	Do
18	**2. So. n. Epiphanias**	18	Mi	18	Do	18	**Quasimodogeniti**	18	Di	18	Fr
19	Mo	19	Do	19	Fr	19	Mo	19	**Himmelfahrt**	19	Sa
20	Di	20	Fr	20	Sa	20	Di	20	Fr	20	**2. So. n. Trinitatis**
21	Mi	21	Sa	21	**Laetare**	21	Mi	21	Fr	21	Mo
22	Do	22	**Estomihi**	22	Mo	22	Do	22	Sa	22	Di
23	Fr	23	Mo	23	Di	23	Fr	23	**Exaudi**	23	Mi
24	Sa	24	Di	24	Mi	24	Sa	24	Mo	24	Johannistag
25	**3. So. n. Epiphanias**	25	Mi	25	Do	25	**Misericordias Domini**	25	Di	25	Fr
26	Mo	26	Do	26	Fr	26	Mo	26	Mi	26	Sa
27	Di	27	Fr	27	Sa	27	Di	27	Do	27	**3. So. n. Trinitatis**
28	Mi	28	Sa	28	**Judica**	28	Mi	28	Fr	28	Mo
29	Do	29	**Invocavit**	29	Mo	29	Do	29	Sa	29	Di
30	Fr			30	Di	30	Fr	30	**Pfingstfest**	30	Mi
31	Sa			31	Mi			31	**Pfingstmontag**		

KALENDARIUM 2004

JULI
1 Do
2 Fr
3 Sa
4 **4. So. n. Trinitatis**
5 Mo
6 Di
7 Mi
8 Do
9 Fr
10 Sa
11 **5. So. n. Trinitatis**
12 Mo
13 Di
14 Mi
15 Do
16 Fr
17 Sa
18 **6. So. n. Trinitatis**
19 Mo
20 Di
21 Mi
22 Do
23 Fr
24 Sa
25 **7. So. n. Trinitatis**
26 Mo
27 Di
28 Mi
29 Do
30 Fr
31 Sa

AUGUST
1 **8. So. n. Trinitatis** 32
2 Mo
3 Di
4 Mi
5 Do
6 Fr
7 Sa
8 **9. So. n. Trinitatis**
9 Mo 33
10 Di
11 Mi
12 Do
13 Fr
14 Sa
15 **10. So. n.Trinitatis**
   Israelsonntag
16 Mo 34
17 Di
18 Mi
19 Do
20 Fr
21 Sa
22 **11. So. n. Trinitatis**
23 Mo 35
24 Di
25 Mi
26 Do
27 Fr
28 Sa
29 **12. So. n. Trinitatis**
30 Mo 36
31 Di

SEPTEMBER
1 Mi
2 Do
3 Fr
4 Sa
5 **13. So. n. Trinitatis** 37
6 Mo
7 Di
8 Mi
9 Do
10 Fr
11 Sa
12 **14. So. n. Trinitatis**
13 Mo 38
14 Di
15 Mi
16 Do
17 Fr
18 Sa
19 **15. So. n. Trinitatis**
20 Mo 39
21 Di
22 Mi
23 Do
24 Fr
25 Sa
26 **16. So. n. Trinitatis**
27 Mo 40
28 Di
29 Mi **Michaelistag**
30 Do

OKTOBER
1 Fr
2 Sa
3 **17. So. n. Trinitatis**
   Erntedankfest
4 Mo 41
5 Di
6 Mi
7 Do
8 Fr
9 Sa
10 **18. So. n. Trinitatis**
11 Mo 42
12 Di
13 Mi
14 Do
15 Fr
16 Sa
17 **19. So. n. Trinitatis**
18 Mo 43
19 Di
20 Mi
21 Do
22 Fr
23 Sa
24 **20. So. n. Trinitatis**
25 Mo 44
26 Di
27 Mi
28 Do
29 Fr
30 Sa
31 **21. So. n. Trinitatis**
   Reformationstag

NOVEMBER
1 Mo 45
2 Di
3 Mi
4 Do
5 Fr
6 Sa
7 **Drittletzter So. des**
   Kirchenjahres
8 Mo 46
9 Di
10 Mi
11 Do
12 Fr
13 Sa
14 **Vorletzter So. des**
   Kirchenjahres
15 Mo 47
16 Di
17 Mi **Buß- und Bettag**
18 Do
19 Fr
20 Sa
21 **Ewigkeitssonntag**
22 Mo 48
23 Di
24 Mi
25 Do
26 Fr
27 Sa
28 **1. Advent**
29 Mo
30 Di

DEZEMBER
1 Mi
2 Do
3 Fr
4 Sa
5 **2. Advent** 50
6 Mo
7 Di
8 Mi
9 Do
10 Fr
11 Sa
12 **3. Advent** 51
13 Mo
14 Di
15 Mi
16 Do
17 Fr
18 Sa
19 **4. Advent** 52
20 Mo
21 Di
22 Mi
23 Do
24 Fr **Heiliger Abend**
25 Sa **Weihnachtsfest**
26 **2. Weihnachtstag** 53
27 Mo
28 Di
29 Mi
30 Do
31 Fr **Altjahrsabend**

KALENDARIUM 2005

JANUAR		FEBRUAR		MÄRZ		APRIL		MAI		JUNI	
1 Neujahr	53	1 Di		1 Di		1 Fr		1 **Rogate**		1 Mi	
2 **So. nach Weihnachten**		2 Mi		2 Mi	☾	2 Sa		2 Mo		2 Do	☾ 18
		3 Do		3 Do		3 **Quasimodogeniti**		3 Di		3 Fr	
3 Mo		4 Fr		4 Fr		4 Mo	14	4 Mi		4 Sa	
4 Di	☾ 1	5 Sa		5 Sa		5 Di		5 **Himmelfahrt**		5 **2. So. n. Trinitatis**	
5 Mi						6 Mi		6 Fr		6 Mo	
6 **Epiphanias**		6 **Estomihi**		6 **Laetare**	6	7 Do		7 Sa		7 Di	
7 Fr		7 Mo		7 Mo	●	8 Fr		8 **Exaudi**	●	8 Mi	● 19
8 Sa		8 Di		8 Di		9 Sa		9 Mo		9 Do	
9 **1. So. n. Epiphanias**		9 Mi		9 Mi		10 **Misericordias Domini**		10 Di		10 Fr	
10 Mo	● 2	10 Do		10 Do				11 Mi		11 Sa	
11 Di		11 Fr		11 Fr		11 Mo		12 Do		12 **3. So. n. Trinitatis**	
12 Mi		12 Sa		12 Sa		12 Di		13 Fr		13 Mo	
13 Do		13 **Invocavit**		13 **Judica**		13 Mi		14 Sa		14 Di	
14 Fr		14 Mo		14 Mo	11	14 Do		15 **Pfingstfest**		15 Mi	☽ 24
15 Sa		15 Di		15 Di	☽	15 Fr		16 **Pfingstmontag** ☽ 20		16 Do	
16 **Letzter So. nach Epiphanias**		16 Mi		16 Mi		16 Sa	☽	17 Di		17 Fr	
		17 Do		17 Do				18 Mi		18 Sa	
17 Mo		18 Fr		18 Fr		17 **Jubilate**		19 Do	16	19 **4. So. n. Trinitatis**	
18 Di	☽ 3	19 Sa		19 Sa		18 Mo		20 Fr		20 Mo	25
19 Mi		20 **Reminiscere**		20 **Palmsonntag**		19 Di		21 Sa		21 Di	
20 Do		21 Mo		21 Mo	8	20 Mi	12	22 **Trinitatis**		22 Mi	
21 Fr		22 Di		22 Di		21 Do		23 Mo		23 Do	☉21
22 Sa		23 Mi		23 Mi		22 Fr		24 Di		24 **Johannistag**	
23 **Septuagesimae**		24 Do		24 **Gründonnerstag**	☉	23 Sa		25 Mi	☉ 17	25 Sa	
24 Mo	4	25 Fr	☉	25 **Karfreitag**		24 **Cantate**		26 Do		26 **5. So. n. Trinitatis**	
25 Di	☉	26 Sa		26 Sa		25 Mo		27 Fr		27 Mo	26
26 Mi						26 Di	13	28 Sa		28 Di	
27 Do		27 **Oculi**		27 **Osterfest**		27 Mi		29 **1. So. n. Trinitatis**		29 Mi	
28 Fr		28 Mo		28 **Ostermontag**	9	28 Do		30 Mo		30 Do	☾ 22
29 Sa				29 Di		29 Fr		31 Di			
30 **Sexagesimae**				30 Mi		30 Sa					
31 Mo	5			31 Do							

KALENDARIUM 2005

JULI	AUGUST	SEPTEMBER	OKTOBER	NOVEMBER	DEZEMBER
1 Fr	1 Mo	1 Do	1 Sa	1 Di	1 Do
2 Sa	2 Di	2 Fr	2 **19. So. n. Trinitatis**	2 Mi	2 Fr
3 **6. So. n. Trinitatis**	3 Mi	3 Sa	**Erntedankfest**	3 Do	3 Sa
4 Mo 27	4 Do	4 **15. So. n. Trinitatis**	3 Mo	4 Fr	4 **2. Advent**
5 Di	5 Fr	5 Mo 36	4 Di	5 Sa	5 Mo
6 Mi	6 Sa	6 Di	5 Mi	6 **Drittletzter So. des**	6 Di
7 Do	7 **11. So. n. Trinitatis**	7 Mi	6 Do	**Kirchenjahres** 45	7 Mi
8 Fr	8 Mo 32	8 Do	7 Fr	7 Mo	8 Do
9 Sa	9 Di	9 Fr	8 Sa	8 Di	9 Fr
10 **7. So. n. Trinitatis**	10 Mi	10 Sa	9 **20. So. n. Trinitatis**	9 Mi	10 Sa
11 Mo 28	11 Do	11 **16. So.**	10 Mo 41	10 Do	11 **3. Advent**
12 Di	12 Fr	**n. Trinitatis**	11 Di	11 Fr	12 Mo
13 Mi	13 Sa	12 Mo 37	12 Mi	12 Sa	13 Di
14 Do	14 **12. So. n. Trinitatis**	13 Di	13 Do	13 **Vorletzter So. des**	14 Mi
15 Fr	15 Mo 33	14 Mi	14 Fr	**Kirchenjahres**	15 Do
16 Sa	16 Di	15 Do	15 Sa	14 Mo 46	16 Fr
17 **8. So. n. Trinitatis**	17 Mi	16 Fr	16 **21. So. n. Trinitatis** 42	15 Di	17 Sa
18 Mo 29	18 Do	17 Sa	17 Mo	16 **Buss- und Bettag**	18 **4. Advent**
19 Di	19 Fr	18 **17. So.**	18 Di	17 Do	19 Mo
20 Mi	20 Sa	**n. Trinitatis**	19 Mi	18 Fr	20 Di
21 Do	21 **13. So. n. Trinitatis**	19 Mo 38	20 Do	19 Sa	21 Mi
22 Fr	22 Mo 34	20 Di	21 Fr	20 **Ewigkeitssonntag**	22 Do
23 Sa	23 Di	21 Mi	22 Sa	21 Mo 47	23 Fr
24 **9. So. n. Trinitatis**	24 Mi	22 Do	23 **22. So. n. Trinitatis**	22 Di	24 **Heiliger Abend**
25 Mo 30	25 Do	23 Fr	24 Mo 43	23 Mi	25 **Weihnachtsfest**
26 Di	26 Fr	24 Sa	25 Di	24 Do	26 **2. Weihnachtstag** 52
27 Mi	27 Sa	25 **18. So.**	26 Mi	25 Fr	27 Di
28 Do	28 **14. So. n. Trinitatis**	**n. Trinitatis**	27 Do	26 Sa	28 Mi
29 Fr	29 Mo 35	26 Mo	28 Fr 39	27 **1. Advent**	29 Do
30 Sa	30 Di	27 Di	29 Sa	28 Mo 48	30 Fr
31 **10. So. n. Trinitatis**	31 Mi	28 Mi	30 **23. So. n. Trinitatis**	29 Di	31 **Altjahrsabend**
Israelsonntag		29 **Michaelistag**	31 **Reformationstag** 44	30 Mi	
		30 Fr			

WEITERE AUSGABEN DER LOSUNGEN

Neben der deutschsprachigen Ausgabe erscheinen die Losungen in ca. 50 weiteren Sprachen. Ein Teil dieser **fremdsprachigen Losungsausgaben** ist bei der Brüder-Unität, Postfach 21, 02745 Herrnhut, erhältlich (Telefon: 035873/487-28, Fax: -99, E-Mail: fremdsprachen@losungen.de). Wir bitten um Verständnis, wenn manche Bestellungen erst sehr spät beantwortet werden können, da die fremdsprachigen Ausgaben oft erst dann bei uns eintreffen.

Auslegungen zu den Losungen enthält der Kalender »**Licht und Kraft**«, der im Buchhandel erhältlich ist. Dort kann ebenfalls der **Losungs-Kalender** (Abreißkalender mit Losungen, Lehrtexten und Dritttexten) bezogen werden.

Die Losungen erscheinen ebenfalls in zwei **Ausgaben für Blinde und Sehbehinderte:**
– in Blindenschrift bei: Evang. Blinden- und Sehbehindertendienst in Deutschland e.V. (EBS), Blindenschriftdruckerei, Pulvergarten 2, 38855 Wernigerode, Telefon: 03943/56 43 00, Fax 56 43 30, E-Mail druckerei@ebs-deutschland.de, Internet www.ebs-deutschland.de
– als Hörkassetten (leihweise) bei: Evang. Blinden- und Sehbehindertendienst in Deutschland e.V. (EBS), Evang. Hörbücherei, Lessingstraße 5, 35039 Marburg, Telefon: 06421/948 08-0, Fax -25, E-Mail info@ebs-deutschland.de, Internet www.ebs-deutschland.de

Eine **Losung für Gehörlose** (in vereinfachter Sprache) ist erhältlich bei: Beauftragter für Gehörlosenseelsorge, Pfarrer Benno Weiß, Bürbacher Weg 2, 57072 Siegen (E-Mail: benno.weiss@gl-kirche-westfalen.de).

Schicken Sie mir bitte weitere Informationen

Ich interessiere mich für:

- ☐ Losungen der Herrnhuter Brüdergemeine
- ☐ Weltweite Unterstützung durch Losungsleser
- ☐ Herrnhuter Brüdergemeine und Evangelische Brüder-Unität – zwei Namen für eine Kirche
- ☐ Herrnhuter Missionshilfe
- ☐ Nachlass und Vermächtnisse
- ☐ Aktuelle Veranstaltungen, Termine, Reisen usw.
- ☐ Ich möchte gern spenden. Nehmen Sie bitte Kontakt mit mir auf.

„Geburtstagslosung"

- ☐ Bitte senden Sie mir Losung, Lehrtext und Drittext des folgenden Tages (Tag/Monat/Jahr):................

Absender:

Name _____
Vorname _____
Straße _____
PLZ/Ort _____
Telefon/Fax _____
E-Mail _____

10411

Antwortkarte

An die
Evangelische Brüder-Unität
Herrnhuter Brüdergemeine
Badwasen 6
D-73087 Bad Boll

Bitte
freimachen

Schon kleine Gaben bewirken großes Glück

In vielen Ländern unserer Erde herrscht Armut und Bedürftigkeit. Für tausende Menschen ist die stärkende und tröstliche tägliche Losung wichtig. Sie hilft ihnen, den harten Alltag zu bewältigen. Wir, von der Herrnhuter Brüdergemeine, wollen weiterhin die Hand dorthin reichen, wo sie dringend gebraucht wird. Insbesondere in Osteuropa, Afrika und Asien unterstützen wir die Herstellung der Losungen, leisten vielfältige diakonische und missionarische Arbeit.

Gottes Wort gilt für alle Menschen. Es will den Weg in die Herzen der Armen und Reichen finden. Unser Dank gilt den Spendern auf der ganzen Welt, die unsere Hilfeleistung Jahr für Jahr ermöglichen. Unser Wirken wird durch Spenden finanziert. Auch Ihre Hilfe ist willkommen. Sie wird den Weg dorthin finden, wo sie Gutes bewirkt. Mit dem beigelegten Überweisungsauftrag können Sie uns schnell und einfach unterstützen. Wir danken Ihnen und wünschen Ihnen Gottes Segen.

Wer sich des Armen erbarmt, der leiht dem Herrn, und der wird ihm vergelten, was er Gutes getan hat.

Sprüche 19,17
Losung vom 16. Februar 2004

Der Wunsch nach Frieden ist grenzenlos

Es gibt viel Leid auf der Welt. Aber auch Trost und Liebe. Tag für Tag sind Menschen auf der Suche nach Frieden im Glauben an den barmherzigen Gott. Das jährlich neu erscheinende Losungsbuch ist unser Beitrag, Ihnen und vielen anderen Menschen dabei zu helfen, die innere Ruhe, den Frieden mit sich und der Welt zu finden.

In 50 Sprachen dieser Welt bieten wir diesen Helfer für ein Leben in Frieden an. Allein im deutschsprachigen Raum hat das Losungsbuch eine Auflage von über einer Million Exemplare und sorgt so jeden Tag für die Verbreitung der christlichen Botschaft. Nicht nur das Losungsbuch, auch viele unserer anderen Projekte helfen in Not und Sorgen, vor allem in afrikanischen und asiatischen Ländern. Wir informieren Sie gerne über unsere aktuellen Projekte.

Wie soll ich dem Herrn vergelten all seine Wohltat, die er an mir tut?

Psalm 116,12
Losung vom 24. Juni 2004

Tagungen für Losungsleser

Tiefe der Losungen erfahren!

„Hier habe ich die frohe Botschaft erlebt!"
Dieses Wort eines Teilnehmers der Losungsleserreise in Herrnhut drückt mehr aus, als es die interessanten und abwechslungsreichen Programmpunkte je könnten. Möchten Sie auch teilnehmen an diesen „erfüllten Tagen", die „Einblick, Durchblick, Aufblick und Ausblick" bieten?
Alle Informationen über die nächste Tagung bekommen Sie von Hannelore Fleuter,
Badwasen 6, 73087 Bad Boll,
Telefon (07164) 94 21 71,
Fax (07164) 94 21 99,
E-mail losungen@bb.ebu.de

Die Losung für Ihren besonderen Tag

Es war Ihr Hochzeitstag, Ihr Geburtstag, der Tag Ihrer Taufe oder der Tag, an dem Sie Ihre große Liebe getroffen haben. Besondere Tage verdienen eine besondere Beachtung. Wenn Sie einen Tag haben, an den Sie sich gerne erinnern und dessen Losung Sie wissen möchten, wenden Sie sich an uns.

Wir senden Ihnen gerne die Losung von diesem speziellen Tag zu. Für Ihre Anfrage können Sie die beiliegende Postkarte verwenden. Von dem Erlös aus diesem Service unterstützen wir eine Schule in Rajpur/Nordindien.

Brüder-Unität
Losungsspende
Badwasen 6
73087 Bad Boll

Telefon: 0 71 64 / 94 21- 0
Fax: 0 71 64 / 94 21- 99
E-Mail: losungen@bb.ebu.de

Sie können für Ihre Anfrage auch gerne die beigefügte Antwortkarte verwenden.

Die im Elend ohne Obdach sind, führe ins Haus!

Jesaja 58,7
Losung vom 9. Juli 2004

Seit über 275 Jahren Tag für Tag eine Losung

Die Losungen haben eine lange Tradition. Sie gehen zurück auf den Gründer der Herrnhuter Brüdergemeine, Nikolaus Ludwig Graf von Zinzendorf (1700 - 1760): Am 03. Mai 1728 verkündete er der Gemeinde ein kurzes Wort für den kommenden Tag. Fortan wollten die Herrnhuter auf die „Parole für den Tag" nicht mehr verzichten. 1731 wurden die ersten gedruckten Losungen herausgegeben. Seitdem erscheinen sie ohne Unterbrechung. Durch die Missionsarbeit der Brüder-Unität seit 1732 verbreiteten sich die Losungen weltweit.

Bitte helfen Sie uns, diese Tradition weiter zu pflegen.

Heute erscheinen die Losungen in 50 Sprachen auf der ganzen Welt

von Afrikaans bis Zulu

Afrikaans • Amerikanisch • Arabisch • Balinesisch (Indonesisch) • Basaa • Batak • Bulgarisch • Chichewa • Chinesisch • Dänisch • Deutsch • Englisch • Estnisch • Finnisch • Französisch • Hindi • Inuktetuk (Eskimo) • Italienisch • Japanisch • Kinyarwanda • Kroatisch • Lettisch • Litauisch • Miskito • Niederländisch • Odiya • Ovambo • Pedi • Polnisch • Portugiesisch • Rongmei • Rumänisch • Russisch • Schwedisch • Suaheli • Simalungun • Slowakisch • Sorbisch • Spanisch • Surinamisch • Tibetisch • Tschechisch • Tswana • Türkisch • Ungarisch • Venda • Xhosa • Zulu

Darüber hinaus erscheint eine Ausgabe in den Ursprachen Griechisch und Hebräisch. Auch für Gehörlose und für Blinde sind spezielle Ausgaben der Losungen erhältlich.

Wählen Sie
Ihre Ausgabe der Losungen:

Losungspreise 2004

Losungen Normalausgabe - dunkelblau	3,70 €
Losungen Großdruck - hellblau	4,80 €
Losungen Großdruck gebunden - dunkelrot	7,50 €
Losungen Schreibausgabe - grün	8,95 €
Losungen Ursprache	15,95 €
Losungen Computerausgabe	10,70 €
Losungen Box mit Karten	12,90 €
Kartennachfüllsatz für Box	10,70 €
Kartenbox leer	2,70 €
Schutzhülle	3,25 €

Ich danke dir, dass du mich erhört hast und hast mir geholfen.

Psalm 118,21
Losung vom 14. Mai 2004

Alle Ausgaben sind auch im Buchhandel erhältlich.

Ermäßigungen bei Abnahme von großen Mengen. Änderungen vorbehalten. Aktuelle Informationen erhalten Sie im Internet unter: **www.losungen.de** oder auf der Website der Brüder-Unität: **www.ebu.de**